每天的生活，都是靈魂的精心創造

You create your own reality.

每天的生活，都是靈魂的精心創造

You create your own reality.

You create your own reality.

每　天　的　生　活　，　都　是　靈　魂　的　精　心　創　造

許醫師作品 36

親密關係
——與伴侶身心靈共同成長的智慧

口述——許添盛
執筆——張郁琦
總編輯——李佳穎
責任編輯——管心
校對——謝惠鈴
美術設計——唐壽南
版面構成——黃鳳君
封面及內頁攝影——胡凱閎（IG: k3lvinch）
發行人——許添盛
出版發行——賽斯文化事業有限公司
地址——新北市新店區中央七街 26 號 4 樓
電話——22196629
傳真——22193778
郵撥——50044421
版權部——陳秋萍
數位出版部——李志峯
行銷業務部——李家瑩
網路行銷部——高心怡
法律顧問——北辰著作權事務所
印刷——鴻柏印刷事業股份有限公司
總經銷——吳氏圖書股份有限公司
地址——新北市中和區中正路 788-1 號 5 樓
電話——32340036　傳真——32340037
2019 年 9 月 1 日　初版一刷
售價新台幣 380 元（缺頁或破損的書，請寄回更換）

ISBN 978-986-97920-1-1
賽斯文化網站 http://www.sethtaiwan.com

INTIMATE RELATIONSHIP

親密 關係

與伴侶身心靈共同成長的智慧

許添盛醫師◎口述
張郁琦◎執筆

關於賽斯文化

發行人 許添盛醫師

我是個腳踏實地的理想主義者。賽斯文化，是為了推廣賽斯心法及身心靈健康理念而成立的文化事業，希望透過理性與感性層面，召喚出人類心靈的「愛、智慧、內在感官及創造力」，讓每位接觸我們的讀者，具體感受「每天的生活，都是靈魂的精心創造」（You create your own reality）。我們計畫出版符合新時代賽斯精神之書籍、有聲書、影音商品及生活用品，並提攜新進的身心靈作家，致力於賽斯思想及身心靈健康觀念的推廣，期待與大家攜手共創身心靈健康新文明。

目錄

親密關係

與伴侶身心靈共同成長的智慧

Intimate Relationship

〈自序〉愛的未來

許添盛

親密關係是我們在人世間最重要的修行，也是我在身心科門診當中最常處理的項目。

想要給出愛以及想要得到愛，是人們兩大主要渴望。當一個人沈浸在被愛的喜悅和滿足中，彷彿在對方的眼裡，你的重要性及存在的價值上升至宇宙最重要的位置！你的每個細胞都在高歌：「我是被愛的，我是最重要的，我是有價值的！」

當你在全然給出愛的同時，你成了造物主的一部分，看到了對方有別於現狀最美好的那一面，你被自己給出的愛所盈滿。

恨是與愛的分離。你永遠都是被愛的，但是，這被愛的感覺可能從自我意識跌回無意識層面；你永遠都能愛人，但是，也可能決定把對對方的愛隱入意識的深層。

不管愛或不愛，永遠都是愛；不管愛在或不在，愛永遠都在。只是它可能跌入無意識的層面，不再被有意識地感知。

我希望這本《親密關係》能夠喚起每個人潛藏在內心深處的愛，當你重新感受到內我意識對你全然無條件的愛，你內心愛的語言、愛的能量將開始甦醒，而家庭中轉世之愛、人類的同胞愛、人與地球所有物種之間的愛，也將由無意識層面提昇至自我意識層面。

這樣愛的覺醒，將徹底改變人類自我意識的孤單，衝破社會目前所有人與人、人與萬物的對立與分別。那時，一個真正人與自己、他人、地球萬物之間愛的親密關係即將到來，一個偉大美好的人類新時代也將來臨！

願你我一同為愛的未來而努力！

第1章

愛是奉獻、服務、了解與付出

人是社會的動物，一個人不一定要結婚、進入婚姻，但是賽斯心法鼓勵每個人都要有一份親密關係——不論是跟家人、同事，即使是小三，都屬於親密關係。

親密關係是人與人之間很重要的部分。賽斯曾說，十六世紀之前，他在地球的多次轉世經驗中，覺得最珍貴的就是人與人之間「無以名狀的那份情感互動」。不論是父親對兒子的愛、太太對先生的愛、情人彼此的相互關心，都是令人最感動的地方。

感情挑動了我們內心真正的界線

在這個世界上，沒有人是聖人，也沒有人是完美的人。我們要很真實地面對自己的感受，在親密關係中，所有人都在學習情感及伴侶關係。

然而，有趣的是，人彷彿都需要親密的伴侶，但是往往又會建立親密而掉進另一個束縛與失去自由。所以，我們好像永遠在建立親密與失去自由之間做取捨。再者，大家常常聽到，「如果沒有親密關係就不會受傷」，所以，建立親密關係有時候也是我們所有痛苦的根源。如果沒有這樣的親密關係，便不會覺得有那麼多痛苦。痛苦又分為兩種，一種是你自己本身感受到的痛苦，一種是你如何對周遭的人有所交代，這就與自己的尊嚴有關了。

我們經常想得到幫忙，同時又想維護自己的尊嚴，但愛情通常讓我們變得很沒有尊嚴，好像誰先說「我日夜都想著你」、「我沒有你不行」，誰就比較丟臉。

究竟感情跟自尊的關係又是什麼？我得這麼說，如果真的想進入感情，就不要想同時維持住你的尊嚴。在感情裡怎麼談面子呢？它有道理嗎？需要自尊心嗎？感情的世界是最不需要自尊心的，如果你要自尊就不要談感情了。

但是，在感情的世界裡，人們最需要的卻又是自尊。為什麼？

當我們越在感情上受了傷，就越想要得回自尊心及面子。然而，當你越想在愛情中得回面子，這個愛情還是真正的愛情嗎？或你只是想在這份愛情中得回面子？

為什麼愛情這麼容易讓我們沒面子呢？人可能會因為一份愛情而人財兩失，也可能當你真的愛上一個人，最後卻搞到顏面盡失、裡外不是人。所以，愛情是會讓人迷失的，當你得不到愛情時，一定會反擊，想要得回面子。就像老是想整老闆或是一直跟老闆作對的祕書，很有可能是因為跟老闆有過一腿，最後老闆沒有選擇她，她受傷了所以想要報復。為什麼受傷？因為她沒有被選擇，所以想扳回她的尊嚴。想報復是因為要讓對方知道她的痛苦，想讓對方跟她一樣痛苦——因為她走不過自己內心的痛苦，她沒有走完她的受傷。

平常我們可以用理性把自己控制得很好，但是在感情的世界中，我們

經常控制不了自己，因為感情可能挑動了我們內心真正的界線，讓尊嚴盡失。

男女對情感的態度相當不同

很多人想在感情中當勝利者，永遠都要「對方聽我的」，牢牢握死對方。所以，很多人想找「愛我比較多、而我愛對方比較少」的人，這樣就可以成為勝利者。也許你可以當一個感情上的勝利者，但是，某部分你會有一種孤獨感，那就是，你也好想在愛情當中那麼無私地奉獻、那麼癡癡地給予，直到不能自已。享受過這種感覺嗎？在愛情中不能自已、那種失控的感覺？

所以，可能在生活中我們會害怕，因為感情就像吃迷幻藥，不知道吃了以後會怎樣？也許是控制不了自己的。

男女對感情態度可以是很不一樣的，賽斯說過：「有時候一個已婚男人，儘量讓自己去產生肉體的外遇，其實是為了阻止自己在情感上的失控。」尋找性關係的目的是為了阻止情感上失控。其心態是什麼？

一個男人讓自己有肉體的外遇，是因為他想要跟別人建立親密關係，或內在有慾望想要宣洩，可是他又害怕跟人有真正情感的交流，所以藉由不斷的外遇，能夠有個慾望的出口，同時他也擔心自己在情感上是失控的。這就好像一個人要減肥的時候，肚子餓想要吃東西，但是又希望讓他吃飽的食物最好不要產生熱量。

外遇有很多種，一般來說，女人比較敢容許自己情感失控，男人是比較害怕情感失控的。通常女人外遇是在婚姻之外尋求愛的感覺，男人外遇比較是在婚姻之外尋求肉體的關係，他絕不想在外遇上多承擔另外的責任跟壓力，一個家庭的負擔已經很夠了。通常男人在外遇上是想自由、快樂、談戀愛，不要聽生活上的瑣事，因為他是去紓壓的；女人外遇則是想尋求精神上的寄託，完全不一樣。

錯在你沒有安頓好自己的人生

我有一位女性個案，當了三十多年的小三。她說最近想處理這份關係，很想告訴對方長年來她的心路歷程，包括所有的恐懼不安、不甘願、自卑、自憐與自我否定，可是又怕把這些情緒告訴對方之後，對方會看不起她、自己會被推得更遠，更害怕自己因此整個人都空掉，所以，很掙扎到底該不該表白。尤其最近疑似有小四出現後，更是感覺到自己的孤單與寂寞。

平常她跟男方出去吃飯看電影時，形體雖然跟他在一起，但是內心是空虛的，看到別人成雙成對、有家庭生活，心中還是會落寞，她說：「我的家庭教育是女生一定要結婚、要有伴侶。但是現在只能盡量不去想，用學習很多課程來填補自己的生活。在平常的日子裡，還是得自己過生活，獨自去完成很多事情。」

首先，進入小三的角色就應該扮演好小三守則，如果不能滿足於這份關係，當初就不應該進入小三這個角色。有些人可以很滿足於小三的關係，然而，通常人都沒有那麼簡單，當一個人進入愛情就會想要更多。

我告訴她：「你跟他建立關係是想解決你的孤單寂寞，可是他跟你建立關係並沒有要解決他的孤單寂寞。你們的遊戲規則不同，但是彼此沒有好好認知。你的內心還想要進入婚姻，想有個生活伴侶，想解決自己的孤單寂寞，想有個可以依賴的對象，但是卻找了一個給不了你要的東西的人。兩個無能為力的人，這三十年來只能偶爾一個月維持一、兩次唱歌、看電影、肉體上的基本需求而已。」

其實，她的孤單與寂寞不干對方的事。她一直找一個不對的人來填補她的內在空虛，並且自我欺騙，而沒有認真去面對自己真正的問題。因

為她未婚，如果找兩個男朋友，一個是生活上可以互相陪伴的，一個是吃飯看電影的，這沒有什麼不可以。錯在她沒有把自己處理好、沒有拿回自己的力量。也就是，她從頭到尾沒有好好安頓自己的人生。就像每天吃代餐，而沒有吃正餐。

每個人的食量不同，要去衡量自己的狀況，很真實的自我面對，重點是你面對了自己的空虛與不甘願嗎？還有，你面對得了嗎？

人生到最後都是在面對自己，再怎麼怪別人都沒有用，愛情也是一樣，還是要回來自我承擔。這是需要過程的，因為我們很容易由愛生恨。

恨是「感受到與愛的分離」

何謂「恨」？恨其實是為挽回自己的面子，為了得回「我」的尊嚴，所以把「我」跟「你」分開。然而，有趣的是，愛情原本是要把「你我」

合在一起，但是當愛情失敗的時候，又要把「我」和「你」分開，以維護自己的尊嚴與自尊。

戀愛的時候，兩個人都不會計較你和我，也不用計較誰付出的多、誰付出的少，可是一旦失戀、分手了，就要開始計較這是誰買的、那是誰買的、房貸誰出多少。有時候其實不是你累了，而是，當初你的付出沒有得到你想要的回報。前述這位個案開始懷疑對方好像又跟別人有曖昧關係，所以，想愛又愛不下去、想抽離又沒勇氣，這就是痛苦。

賽斯說過：「恨是感受到與愛的分離。」所以，我告訴這位個案：「不是對方傷了你，是你想把愛收回來。」她其實是想把愛收回來，而假藉的理由是，對方好像跟別人有曖昧，以便讓她產生不值得的感覺。她一定要覺得不值得了，才會有動力把愛收回來。

好比在婚姻中，有時候是「我想離婚，可是我不敢離婚，後來是你先外遇，於是我終於有理由跟你離婚了」。必須假藉對方的錯誤，才能有理由離婚。看起來是對方先外遇，但其實是我們自己的內心先起了變化。所以，一定要多看看自己的內心世界，而不是去找表面的理由。

生病是一種間接的表達

有一天，一位男士來到我的門診，求助的原因是在最近一次的健康檢查中，發現得到第四期食道癌。他的生活作息正常，家庭狀況也看似正常，平時努力認真生活，在家中盡心盡力照顧好妻小，在工作上也力爭上游，不斷充實自己，然而，一次健康檢查竟然就發現末期癌症，他感到非常震驚，問我：「為什麼？」

在與他探索的過程中知道，他結婚十多年來，生了小孩後，太太也有了自己的事業，同時鼓勵他努力向上，爭取更好的學經歷及金錢；他也漸漸把自己變成太太心目中理想先生的樣子，甚至把自己最喜歡的釣魚、打麻將等消遣嗜好都改掉了。

一路以來，他就是對家庭負責，努力付出，然而也面臨嚴重的失落感。因為，以前太太都以他為重心，但是生了小孩、有了自己的事業後，漸漸把重心轉移到小孩及事業上，他不但平常要上班，假日還得幫忙照顧小孩，讓太太去工作。他持續盡他的責任，卻覺得獲得的福利越來越少，包括性生活的不滿足。

對他來說，他其實想把能量收回來，但他又不是一個不負責任、自私的人，所以，就必須藉由生病來放下。生病是一種間接的表達，而他沒有辦法直接表達。

這之間，沒有誰犯了什麼錯，先生跟太太都是為了家庭忙碌，只是，他怎麼會知道自己心理已經失去了平衡、產生了巨大的變化、而最後會變成這樣呢？

真正的親密關係是「感受」及「思想」上的親密

在親密關係中，首先，我希望大家一定要做到彼此在感受上的親密，因為這才是真正的親密關係，這包含兩個：第一、我能否知道自己內心的感受，第二、我能否讓對方瞭解我的感受。

你對自己的感受熟悉嗎？你是個壓抑感受的人嗎？你知道努力、知道要盡責任、知道如何解決問題，但是，你是否有去面對自己的感受？當你了解自己的感受之後，是否也能讓對方瞭解你的感受？男人這個部分的能力通常都很弱，甚至，可能連自己都不了解自己。

為什麼要說感受？因為感受就不是在論對錯了。真正親密關係的建立在於，你有沒有回來面對自己的感受，及能否表達自己的感受。

此外，真正的親密也是思想上的親密。你對於自己在想什麼，以及內心很多想法的變化是否清楚？你們彼此是否能有思想上的交流？在伴侶治療時，每當我問：「你瞭不瞭解對方的感受？」十之八九都會回答我：「不了解。我不知道他在想什麼，也不知道他的感覺是什麼。」

你們是否經常在尋求或容許你是被瞭解的？或者，你們經常在做的是掌控？認為他是屬於你的？各位，你經常想被了解嗎？還是覺得被了解，對你而言是一件很可怕的事？有時候，我們不見得真的想被了解，因為越被瞭解，就會越覺得自己被掌控，或越覺得自己很丟臉。

我曾看過有些個案，非常堅持不斷地把感受說出來，不管那個感受有沒有危害到婚姻、合不合狀況，他就是堅持面對自己的感受、表達自己的感受，這類個案通常會療癒得很好。

所有關係最後都回歸到跟「自己」的關係

所有關係最後都是回歸到跟自己的關係。而且，通常都是回到自己內在的兩個部分，一個是恐懼，一個是無能為力。親密關係也是如此。

親密關係通常都是我們要對方改變，可是，要對方改變的人通常最後會無能為力，有一天一定會踢到鐵板。因為，親密關係最後一定是回到「我」跟「我自己」的關係。例如，前述這位男士，當初有沒有讓太太知道他的感受？也許他已經很累了，工作之外，要念書、還要學外文，又要負責任為家庭付出。他的太太在這樣的安全感之下，開始以孩子為重心，某部分又發展自己的事業，所以，太太的平衡沒有問題，是他失去了平衡。

那麼，他跟自己的關係是什麼呢？他沒有覺察到，自己越來越不快樂、內心越來越不平衡，於是，潛意識只好創造出得到末期癌症，來告訴太太：「鞠躬盡瘁、死而後已。」他玩的是這個遊戲，因為他沒有辦法說：「夠了，我不要付出那麼多了。」太太理所當然地可以把重心轉移到小孩、事業上，為什麼他就不能轉移到唱歌、跳舞呢？因為他的人生只有

八個字：「鞠躬盡瘁、死而後已」，他的性格註定了這個命運。

後來，他藉由這個病釋放自己的壓力，再度得到關心、得到愛，它其實是一個恐怖的交換，交換得到的就是，所有人都會告訴他八個字：「健康就好、活著就好」，其他什麼都不用。

他原本的個性就是喜歡自由自在，不喜歡任何壓力；喜歡談戀愛，不想結婚生小孩買房子、進入任何責任。但是，所有事情都把他捲入更多的責任與壓力。他雖然一步步往前走，可這真的是他要的嗎？他內心最深的感覺也許是：「這都不是我要的。」但頭都洗下去了，能說不要嗎？他要怎麼對太太開口？所以，當一個人違背自己的內心和真實感受，居然可以變成這樣的結果——透過身體展現我們內心真正的感受。

後來，他變成太太心目中理想的先生，越來越乖、越來越不愛玩，除了上班就是念書，剩下時間都留給太太跟小孩，變成一個標準的好先生。這通常就是大家以為的關係。但是，當太太不了解先生內心真正的感覺，最後也要付出代價，那就是她要面臨先生快死了的現實。

所以，我們必須去了解對方真正的感覺，而不是只在表面上得到自己想要的，這才是真正的愛。真正的愛不是符合我的需求，而是對方真的快樂嗎？我真的了解對方的感覺嗎？我有真的給對方對方需要的嗎？

愛是奉獻、服務、了解與付出，但不是犧牲

愛是你開始體會對方的感覺，確切了解「他是否快樂、他真正要的是什麼」？

當然，我的意思並不是說要犧牲自己。在愛裡面，我們通常是很自私、很任性的，並沒有進入別人的感覺，只想在愛情裡得到自己想要的，以為愛就是「給我我要的」，然而，我們有給對方他要的嗎？當我們得不到自己要的，就開始覺得對方不愛我們，然後開始控訴、不滿，覺得難過。那是因為，我們在愛裡只想得到自己要的，但這不是愛。

賽斯說過，愛是奉獻、服務、了解與付出，但不一定是犧牲。在愛中，你了解對方的感受嗎？你付出了什麼？有些人會說「我付出很多」，但是，那個付出是對方要的、還是你自認為的付出？

在親密關係中，常常有一方會在人生的大方向上，一步步地去符合對

方的期待，他不見得會說出來。然而，這個人後來走的人生方向真的是自己想要的嗎？在親密關係中，我們很有可能是會失去自我的。

像前述這位男士就是一個非常明顯的例子。太太越來越得到她要得到的——一個很乖、上進、收入高、有面子、負責、沒有不良嗜好的先生；而先生默默地變成太太想要的樣子，越來越讓她得到想要的一切。但是，當你把對方變成你想要的樣子，真的是一件好事嗎？當這不是先生真正想要的，而你也不了解對方真正的感受時，接下來他們面臨到的，就是這樣的現實。

所以，我經常強調，去了解對方真正的感受是很重要的。此外，先生也從來沒有說出自己的感受，以及自己要的是什麼，他必須為自己而奮鬥。太太就很能表達自己，也知道自己想要什麼。在親密關係中，如果你一直給出對方想要的，卻忽略了自己想要的是什麼，或者只想得到自己想要的、卻忘了給對方他想要的，無論是哪一種，都沒有辦法持久。

愛的兩難

有時候，愛是給予對方想要的，因為我們都想讓別人開心、想要成就那份愛，這是愛的本質，卻在愛裡面把自己犧牲掉了。這就是愛的兩難。一直給對方他要的，最後卻把自己逼到死路，因為你忽略了自己的感覺，於是產生自我的矛盾與衝突。

親密關係，本就是藉由給對方想要的而建立起來，那麼，要怎麼去平衡呢？

明白自己的委屈是要覺察的，我們可能從來都沒有覺察到自己的感受，也經常覺得很多事情都是理所當然，直到感覺起來了為止。感覺就是一個覺醒的過程。在親密關係中，這種委屈的感覺是不受歡迎的，但是，一定要覺醒才會有力量。

當你沒有做自己，沒有尊重自己的感覺，就會在關係中被控制，一步一步失落了自己，最後沒有辦法做自己。你會越來越不快樂，最後回來生自己的氣：「我為什麼把自己搞成這樣？」

我前面說過，「愛的本質是奉獻、是付出、是服務、是讓對方開心」，兩個人彼此相愛、付出，都沒有錯，問題是一個自我意識比較弱的人，就慢慢讓自己不見了。當你在這份愛中，讓自己的價值、快樂不見了，最後也會讓自己及所愛的對方蒙受巨大損失。

賽斯說過：「一個人真正愛別人之前，

必須先愛自己。」何謂「愛自己」？就是讓自己的某些需求得到滿足，真正去愛自己的感受、愛自己的匱乏，去面對那些自己想得到的。如果在愛中一直只是個付出者，從來都沒有真正愛自己，那麼，那個愛的能量很可能就會變成疾病、憤怒或怨恨。

愛是探索、愛是了解

在愛中，你是否真正去瞭解自己或對方？親密關係包含了解自己、了解對方。賽斯說過，愛是一個探索的慾望。通常大家都以為愛是「你屬於我」、「愛就是給我安全感」，而沒有把愛當成一種探索、好奇與了解。愛是去了解對方內心的變化，而不只是照顧自己的需求。

然而，我們經常在愛中自顧不暇，甚至有時候很想付出，但是又很自私；經常希望對方是自己期待的樣子，卻沒有看清楚彼此真正的需求。很多人經常問我：「許醫師，我到底該怎麼做？」問題不在做法，而是更深入理解對方的內心世界與感受。你對所有狀況有沒有更深入的瞭解？

有時候，我們很需要對方的關心、給我們安全感，希望對方留在自己身邊聽話、接受掌控，讓自己有一個可以依賴的對象。然而，你是否想過，你想給對方什麼？你如何讓他快樂？你了解他多少感受？你給了他什麼？又符合了他對你的什麼需求？

什麼是愛？我前面說過，「愛是奉獻、是服務、是了解、是付出」，而且這個付出是對方內心想要的東西，而不是自認為「自己有在付出」。一個人在愛裡面，如果只是一味地想要得到，那是因為他一直是個匱乏者。在愛中，你有想過要去「給」嗎？而且，這個「給」是很聰明地給予對方想要的，而不是只給出自己覺得想給的。所以，愛是一種學習。

你真的打算付出了嗎?

如果你只是需要對方符合你的某些需求,那麼,你並沒有真的愛對方,也沒有打算真的對他付出。

一個人如果對自己沒有信心,內在也是匱乏的,那麼,要怎麼付出呢?愛必須有一個豐盛的內心作為支撐,當內在匱乏的時候,只會想要得到,因為根本給不出去。

有一位學員,她跟先生結婚的前提是,先生要她婚後把工作辭掉,回歸家庭,但是,她結婚一年了卻遲遲沒有把工作辭掉,後來先生不但要跟她離婚,還要告她。她不想失去這個婚姻,但又不想履行當初的諾言,覺得很苦惱,不知該如何是好。

其實這位學員的先生是違背父母的意思,履行諾言跟她結婚,而她卻沒有履行諾言,把工作辭掉。她不敢把工作辭掉,也許是因為婚後的一些爭吵，及與公婆的不睦，造成婚姻可能不保，但是，最主要的原因還是恐懼與自己缺乏力量。所以，我告訴她，是否把工作辭掉或遵不遵守諾言是一回事，重點在於，她是否覺得自己是有力量的？內在是否不匱乏？如果把工作辭掉了，她是否有信心可以創造一個美好的未來？

愛本來是要讓我們激發內在的潛力。愛是在一無所有、一無所成的情況下，憑著信心的一躍，而激發出內在的潛力。但是，如果愛跟內在的匱乏連結，這份愛就會因為內在的匱乏與自卑而給不出東西了。

把工作辭了，不是為了先生、也不是為了婚姻，而是為了自己，這是對自己的信心。她不敢辭工作，是因為內在有很多的恐懼與無能為力，害怕辭職後沒有能力創造下一份更好的工作。

我們經常因為沒有安全感，而在愛中算計，我算計對你付出多少、你也在算計要對我付出多少。為什麼在愛情中會匱乏？因為我們從來都沒有從愛情中，找到自己內在的力量。愛本身從來都沒有錯，是我們自己內在的力量不夠。所以，不是愛對不對，而是配不配得起去擁有愛。

愛是先回來認識自己

我告訴這位學員：「你答應要辭職，就應該要做到，這表示你的力量，跟別人無關，這是對自己的承諾。」

這位學員把是否辭職定位在「先生有沒有給我足夠的安全感」，而不是「自己有沒有足夠的安全感」。她因為先生沒有給她足夠的安全感，所以不願意辭職。她從一開始進入這個婚姻，要的就是安全感。

有趣的是，這位學員問我：「結婚不就是為了安全感嗎？不然女生為什麼要結婚？要生小孩、照顧公婆，還會變黃臉婆，一點好處都沒有。不就是為了安全感跟錢而已嗎？」她的信念是「我結婚就是為了金錢跟安全感」，信念會創造實相，所以，她遇到這樣的狀況，一點都不奇怪。

然而，真正的親密關係並不是這樣的，愛不是為了得到安全感，我前面說過「愛是付出、是服務、是奉獻」。如果進入婚姻是為了得到安全感，那麼，內心就是匱乏的。

她進入婚姻是為了要「得到東西」，這表示自己是沒有力量的，所以，我告訴這位學員：「一開始你就是帶著無力感進入婚姻的。當你想從對方身上得到安全感，好讓你不要這麼辛苦、這麼窮，你一開始就已經把力量交出去了。」一個本來就沒有力量的人，進入婚姻怎麼會有力量呢？

因此，我建議她一定要進入身心靈的學習與成長，來建立自己的安全感，而不是藉由婚姻來得到安全感。我的意思並不是說婚姻不能有安全感，而是，婚姻的安全感原本就是錦上添花。如果你是想藉由婚姻才能得到安全感，沒有婚姻就沒有安全感，那麼，這就是內在的匱乏了——你是基於有所求而進入婚姻，而不是基於內在的豐盛與滿足。所以，關鍵不在於「有沒有安全感」，而在於自己「有沒有力量」，一個沒有力量的人進

入婚姻，一定是痛苦的，得先回來認識自己。

很多人想藉由進入婚姻而得到安全感，這沒有所謂的對或錯，重點是，這個時候的你是沒有力量的，因為你是想要「得到」東西，而不是「給出」東西。如果你只是要找個人依靠，安安穩穩的，讓你有力量，那麼，這不是真正的愛，你們必須去明白什麼是「愛」。

我要再一次強調「愛是奉獻、是服務、是付出、是了解與探索，甚至是讓對方開心」，而且，它涉及了是否在親密關係中進行感受及思想的交流。此外，愛是自我覺察、自我學習、自我成長中非常重要的過程。如果想要有一份良好的親密關係，就要先處理好自己內在的部分。因此，親密關係是人生中非常重要的功課。

第2章

感性、感覺與情感的表達

在親密關係中到底什麼是感覺？什麼是感性？如何去看待感性或感覺的自己？而感覺與感性又是如何與理性起衝突的？

最常見的障礙就是無法說出感覺

我們這個世界的主流是科學，科學就是一個把感覺拿掉的學問，講求的是實驗、理性、客觀，所以，目前社會上主要被肯定、使用的力量並不是感覺，而是推理與理性，發展也越來越偏向「講道理」。

理性沒有不對，但若理性到後來是壓抑很多感覺的表達，那麼就出問題了。尤其在親密關係中，通常遇到的障礙都是無法說出感覺。當一方要跟另一方溝通感覺時，經常第一句話就講不下去了，所以，學會如何在理性的溝通模式之下，能夠說出感覺，是很重要的。

有百分之九十九的男人，說出來的第一句話就是「道理」，只有在一種狀況下會說「感覺」，那就是喝醉酒的時候，除此之外，幾乎無法表達出感覺。女性通常比較願意跟隨感覺，感受力比較豐富；男性通常比較不願意跟隨感覺，要一個成年男性哭出來，或是很感性地說出心裡的感覺，是很不容易的，他一輩子所受的訓練及要求，就是不准使用感覺。男人在社會上之所以能立足，就是因為他可以說出一番道理。試問，在我們這個社會，有幾個男人可以很任性、很情緒化的呢？

女性也不要總是抱怨，好像沒有辦法跟男人溝通心情、自己是個受害者。其實女人的內心裡，某程度上是期待男人沒有感覺、不感性的，也經常把男人往那個方向塑造。在一般的邏輯中，一個很感性的男人，似乎就不是頂天立地、鎮定自若的男人。當男人在訴說他的心情時，女人可能會覺得他很煩，「那是我的專利，你一個堂堂大男人怎麼可以講心情呢？」女人可以容許自己無理取鬧、情緒化、歇斯底里，可是你的先生情緒化或歇斯底里時，你是會看不起他的。

然而，現在不只是男人的情緒出不來，越來越多女性在感受的部分也漸漸無法表達出來了，因為新女性也被期待要解決問題，被賦予越來越多責任，過去傳統什麼都不會的女性也越來越被看不起了。如果你一直都在扮演一個幫助別人解決問題的角色、一個理性思考的人、一個家中的強者，所有問題都來問你、請你解決，到最後你一定會累的。所以，你同時也要勇敢去面對內心害怕、恐懼，及未曾承認過的自己。

理性的作用是分開、感性的作用是連結

講到兩性之間情感的交流，其中很重要的一點是，你如何面對感性的自己。而面對感性或感受的自己，其實是不容易的。

理性、道理最大的作用是，把「你」跟「我」分開，因為「我思故我在」，你有你的、我有我的想法，因此，在講理性及頭腦的時候很簡單，

個人的獨立性就會出來了。理性是一道牆，研究學術、解決問題、吵架都很好用，但如果一個人一直是用理性作為主要力量，那麼他就是把自己跟所有人分開，最後會很孤單、無助、寂寞。

而感性、感受的作用是，把「你」跟「我」連結在一起，意思是，我與你不再分開、不再孤單。就像男人之間，通常一起喝酒或去酒店時才會肩搭著肩，那時候就是一夥人，情感連結了。但是，說到感受的時候，會把你跟我連結在一起，一旦感覺和愛出來了，有可能會失去自己，個人界線便會開始模糊。

當你去感覺別人或是感性出來的時候，很有可能會動搖，而變得站不住腳，俗話說「愛到卡慘死」，就像海浪打過來，你瞬間被打得東倒西歪一樣。這就是為什麼我們對感受是害怕的，它會讓我們沒有辦法做自己，很有可能因為一份感情和感覺，而不斷失去自我。我經常開玩笑說，談感情、動真情，是讓一個人失去自我最快的方法。

就像一對男女朋友，如果我先承認愛你，好像我就輸了。為什麼？因為我們會害怕那份感覺，會覺得好像把持不住自己。可是，如果人活著都不動情、沒有感覺，一輩子只去當你自己，接下來會怎麼樣呢？只會問自己一句話：「活著要做什麼？」

親密關係是我們想得到、卻又害怕的

這就是身為一個人的難處，既要維持住一個孤立可以操作的自我，同時又渴望以情感跟別人連結。所以，親密關係是我們既想得到又害怕的。

有些太太可以接受先生去外面找肉體關係，但是不要固定一個，比如每個月去找一次特種行業，可是不准先生談感情。也就是，她可以接受男人性方面的外遇，可是不能接受男人情感上去愛上別人，因為一旦愛上別人，心就不在家了。

有些男人為什麼可以容許自己外遇，卻不接受太太外遇？他們很清楚，男人外遇是在玩肉體，而女人一旦外遇，感情就出去了。當然，現在有些女人一樣可以做到玩一玩肉體外遇，情感沒有出去，我們以為那是進步，其實也許是另一種退步。

大部分女人是想從外遇得到愛的感覺，而男人通常想從外遇得到性，兩者有感受上的落差。如果要說哪個對？以身心靈方面來說，女性是比較對的。但是，問題又來了，女性常常在情感中失去理性，而男人常常過於理性而變得無情；所以，男性很多做法對女性來說，會覺得很冷酷，而女性豐富的情感在男性來說卻又顯得很沒腦子。男女雙方的落差就在這裡，其根本原因就是，我們對自己感性與理性的部分，從來都沒有好好去理解過。

很多人婚姻關係出了問題，卻從來沒有從這個方面來看。一個太太也許從來都不知道先生為什麼都不跟她說感覺，不知道先生為什麼永遠在說道理、誰對誰錯，也從來都不懂先生的語言到底代表什麼。

賽斯在《心靈的本質》說過：「女人以為男人這樣比較對，所以，也越來越多女人開始模仿男人，一夜情不動感情，只是肉體外遇。也有越來越多女性領導人學會了男性那套理性邏輯，而忽略了女性內在最強大的力量其實是感受。」女性有很強烈的感受與直覺力量，可是多半在自己理性上不夠堅持，也就是有直覺，卻拿不出理性的力量。男人掌握了很多理性的力量，可是經常悖離內心的感受。我們可以發現，男性在小男孩的時候都很可愛，但是變成男人後就不可愛了，變得很理性，無法談感覺。

◉先抓住真正的感覺，才能慢慢找到方向與解決之道

我舉個例子，有位近六十歲的個案和先生離婚，財產也分好了。離婚的原因是，先生跟外遇對象生了小孩，而這已經是第二次同樣的事件重

演。她最近一次回來看我的門診，手卻受傷了，是粉碎性骨折。

這個粉碎性骨折透露出一個有趣的訊息。我發現她內心其實一直有個感受的力量，就是她從頭到尾根本都不想離婚。我請她跟先生說：「我不管你在外面有沒有小女朋友，我就是要你下半輩子跟我在一起。」這就是跟著感性的感覺而產生理性的力量。

但在這之前，她理性的力量是用來否定感覺的。過去她不斷跟我說：「兩個人落差越來越大、越來越不合了」、「既然對方都已經沒有心了，我為什麼要留住他」等等。她也以為自己是要獨立、離婚的，直到一個跌倒加上粉碎性骨折，內心真正的感受才出來。原來她是不想跟先生分開的，可是自己從來都不知道這件事，她也沒有跟我說過，給我的訊息都是相反的，直到這個粉碎性骨折，才發現自己內心的感覺過不去，還是希望先生在身邊。

這時候，我告訴她：「你要承認自己的感覺。告訴自己，我就是不能

沒有他、我就是不想放過他、我想跟他一輩子相守到老。先生有外遇、生小孩那是他的事，干我什麼事。他自己去處理好就好了。」她的理性告訴她「離婚沒關係」，但是，她真的準備好離婚了嗎？她真的不愛先生、想放開他了嗎？其實她沒有準備好，得先真實回來面對自己的感受。

這就是我所要說的重點：「我們得先真實面對自己的感受。」感受的真實面對永遠是最重要的。如果把感受與感情比喻成一隻野獸，我們永遠都要以感受與感情為主，先讓這隻野獸出來，真實面對完了之後，再慢慢加以理性裝扮，看要幫牠剪頭髮、穿衣服、戴帽子、剪指甲都可以。但是，絕對不能用理性來否定感覺。

賽斯心法不斷強調要跟隨內心的感覺，然而，由於我們已經壓抑內心的感覺太久了，所以，不要說是跟隨感覺，有時連自己的感覺是什麼都不知道。不過，生命不論怎麼扭來轉去，最後一定是感覺在做主，你還是跟隨著它的脈絡，來決定你的生命路線，理性是起不了太多作用的。所謂

「我努力過了」、「我覺得有無力感」這些都是另外一回事，我們要面對自己真正的感覺，才能找到方向與解決之道。

當「我跟內心的感覺在一起」，就會產生力量

我經常說一句話：「我愛你，與你何干。」也就是「我愛你」，跟「你愛不愛我、是否跟別人上床、是否把心放在家裡、是否有外遇」，都沒有關係。記住這句話：「我跟我的感覺在一起。」

那麼，你的感覺是什麼呢？這得先把感覺與理性這兩件事分開處理。以前述這位個案來說，她的感覺是不想失去先生、想跟先生繼續在一起，而在理性上，先生跟別人上床、生小孩，這是理性覺得沒有面子，與感覺是兩回事。這兩件事必須分開處理，而她得先真實面對自己的感覺。

當我們跟內心真正的感覺在一起，就有力量了。一旦走過、釐清很多

錯綜複雜的感覺，抓到內心深層的感覺，就會產生力量，而不會一再被表面的感覺所左右。

人常在很多深淺不同的感覺中混亂與迷失。感覺有很多層次，是會扭曲、正反分合、不甘願或憤怒的，但是，最後帶給你力量、指引你方向的，一定是你的感覺，它是下達命令的總司令。這就是賽斯所說的感覺基調，也是生命最深層的感覺。

在這個感覺之上，有很多錯綜複雜的感覺，像是矛盾、痛苦、混亂、丟臉、傷心、難過、失敗，覺得自己做得這麼好，為什麼對方還要外遇？到底錯在哪裡？為什麼要懲罰我？一定會有這些感覺，都必須一一面對。先建立一個概念：「真實回來面對我所有的感覺。」一面對了，就會慢慢開始釐清，這就是我們要學習的功課。

整理好自己的感受，才有辦法面對別人

我前面說過，愛是把兩個人連結在一起，有時候會讓我們失去自己。那麼，怎麼做才能牽著對方的手，告訴他「我好愛你」，同時也很清楚知道「我是我、你是你」？

如何在愛中覺得「我能給出愛、得到愛」，又能在愛中覺得，「你是你、我是我」？換句話說，可以充分表達那份愛、承認那份愛、給出那份愛，同時在愛中，容許對方當他自己，又能讓對方覺得「我愛你，與你何干」。這就是我們要學習的。

很多父母跟孩子最大的問題就是卡在這裡。父母很愛孩子，總想把孩子當成自己的一部分，卻忘了「孩子是孩子、我是我」。父母經常卡在一個觀念：「你要做你自己，那我就不愛你了。我愛你，所以你要聽我的。你不聽我的，我就不愛你。」

有位媽媽告訴我，她覺得自己一直無法給兒子愛。母子倆總是彼此逃避，因為只要一見面，兩個人就會互相傷害，她會控制不住自己，不知不覺傷害兒子。她痛苦地哭著說：「我很愛他，也很關心他，但是不知道怎麼給他愛？我也很愧對他，曾經跟他說過我不愛他，但是我好怕他會離開我。我一直想處理這個關係，卻一直不敢處理。我真的很愛他，可是每次說話就會不經意地傷到他，最後只好選擇逃避。」

這位媽媽的第一段婚姻以離婚逃避了，第二段婚姻也離婚了。她努力工作，賺很多錢，對自己的家人盡心盡力，經常幫家人解決所有問題。我告訴她，她的問題很簡單，就是「虧欠、自責、要求」。她對兒子有虧欠，所以會自責，會自責就會希望兒子要更好，如果兒子沒有更好，她就覺得是自己的錯。希望兒子更好卻變成兒子的壓力，所以愛給不出來。

我告訴她：「也許你從來都沒有好好面對過自己的內心，如果是這樣的話，你要怎麼給出愛呢？」也許她的第一段婚姻就沒有好好處理過，如果沒有處理完自己的內心，給出去的就是期待與要求。明明心裡很多愛，可是，如果愛裡面包含很多自責與虧欠，那麼，光是看到對方的臉，就說不出話來了，根本無法給出愛。

所以，整理好自己是多麼的重要。我們經常可以聽到這樣的抱怨：「我看到爸媽的臉就說不出話了。」「我看到先生（太太）的臉，就什麼也不想說。」這是因為從來沒有好好整理過自己內在的感受。如果沒有面對過自己的內心，怎麼可能有辦法去面對別人呢？愛又怎麼可能出得來呢？

接受自己一點都不行，就是建立自我價值的開始

我請這位媽媽同時記住兩點，第一，告訴自己，「所有一切都是我自己的問題。」第二，不要自責，要肯定自己。

當我們說「都是我自己的問題」，意思並不是所有一切都是我的錯，而是表示我要開始回來面對自己的感覺，唯有回來面對「這是我自己的問題」，才能拿回力量。人經常試圖去解決外在的問題，這是行不通的，你越幫你的家人擦屁股、越承擔你認為的責任，其實只是害了他們。

這位媽媽要做的不是去解決兒子的問題，而是要先回來跟自己說：「我的問題大了，我一點也不好。」說了這句，就表示要回來面對自己。

各位一定要記得一點，所有一切外在的困難、不論是女兒、先生、爸媽，

解決的關鍵都在自己內心。

能夠面對、接受自己一點都不行，就是建立真正自我價值的開始。拚命想要去證明自己很行，是因為覺得自己沒價值、不肯定自己，所以才要證明自己很行。當你可以接受自己，對自己說出「是的，我一點都不行」這句話，立刻會有鬆一口氣的感覺，一旦鬆下來，很多事情及能量就開始改變了。

如果一直想證明自己很行，就會讓自己卡住。我告訴這位媽媽，一旦告訴自己「我真的不行了，我是個不行的媽媽」，甚至接受「我真的是一個很失敗的媽媽」，就不會掙扎了。因為以前一直在對抗：「我怎麼會失敗呢？」「我怎麼可以失敗呢？」「失敗怎麼辦？」沒錯，她的兒子得到憂鬱症、婚姻失敗了兩次，確實是失敗了。自我會一直想證明自己很行，而接受自己是不行的，就會讓心慢慢安定下來，臣服於宇宙更大的力量、愛與智慧裡，在其中，你的不行會被包容與理解。

在感受上接受自己是不行的，這是感受上的放下自我，是在處理感受，但其實你一定是可以的、沒問題的。這句話聽起來好像很矛盾，其實一點也不。你可以是戀愛失敗的，但你還要再戀愛，而不是下次不要再失敗，失敗也沒有關係。你有什麼是不行的？這個世界有什麼是不行的？什麼都行。在此同時，如果又可以接受自己是不行的、是可以不成功的、是可以扛不下來的，就是放下了自我。

真愛面前不需要尊嚴

在賽斯心法中，「相信自己是被愛的」，非常重要。無論如何，你都必須相信自己是被愛的，不管被宇宙愛也好、爸媽愛也好、岳父母愛也好、前夫前妻愛也好、孩子愛也好，一定要常常讓自己覺得是被愛的，這可以化解非常多衝突與矛盾。

為什麼一定要相信自己是被愛的、是安全的呢？那是我們所有感覺的底層，你必須不斷堅定地相信。當你相信自己是被愛的、是安全的，就會自然而然覺得尊嚴與面子沒那麼重要。我不是要各位當一個沒有尊嚴的人，而是，有一天你會突然發現，沒有尊嚴又怎麼樣？為什麼會覺得沒有尊嚴沒關係？因為你心裡已經很清楚知道自己是被愛的、是有價值的，因此，表面的尊嚴根本不算什麼。

我曾說過：「真愛面前是不需要尊嚴的。」意思不是讓你做到沒有尊嚴，而是覺得尊嚴是沒有必要的了。當你還需要面子跟尊嚴時，是因為你早就失去它，所以才會需要；你的內心知道你沒有，所以才需要。我說的「不需要」並不是指不要臉，而是，「當我覺得不需要尊嚴跟面子的時候，我接受我就是愛你，我也接受你就是不愛我，這有什麼關係。」當人找不到內在的自我價值、對自己的內在總是懷疑與恐懼時，才需要面子與尊嚴。

痛苦來自於背叛了自己的愛

上一章提到，賽斯說過：「恨是內在與愛的分離。」那麼，是誰把愛分離了？其實是自己。如果我跟我的愛在一起，那麼我愛你，即使你劈腿、跟別人上床，那也是你的事，我仍然跟我的愛在一起，並沒有跟我的愛分離。可是，如果因為你劈腿、跟別人上床，我就開始痛苦，覺得你背叛了我，這時候其實是我跟我的愛分離了，並不是你背叛我，而是我背叛了我對你的愛，我不要自己再對你有愛了。我們是因為這樣才受傷的——其實，問題是出在自己的身上，我們的痛苦來自於背叛了自己的愛！

為什麼我說「真愛面前是可以不需要面子的」？因為，「我就是愛你呀，你外遇一萬次跟我有什麼關係呢？為什麼需要面子？」縱使我愛了對方，力量還是在我自己身上，並沒有在對方身上。當然，我會很在乎對方，可是這不代表力量在對方身上。我們經常因著心中的愛，而讓自己變了，常常在這一點就岔出去，開始覺得受傷、害怕、沒有尊嚴，其實這是不對的。

我的這個邏輯跟一般的想法完全不一樣。愛從來沒有不對過，這個世界上從來沒有不對的愛，你的愛也從來都沒有不對，你只是不容許自己再去愛。這是自我意識的問題。

「確定自己是被愛的」，這點超越了所有的現實

有一對夫妻來到我的門診。先生得了血癌，太太覺得先生近來變得比以前更難相處了，只要太太說什麼，先生就故意往反方向走，永遠在跟她作對，溝通越來越難，搞得照顧病人的太太也疲憊不堪。

我告訴這對夫妻，其實先生得血癌的最大原因是，他不確定他是被愛

的。為什麼這麼說？因為先生很確定自己是愛太太的，可是不確定太太是否愛他。這就是核心關鍵。在親密關係中，不管所有表面的事情怎麼樣，「確定你是被愛的」，是一個根深柢固的核心信念，這個信念與所有的現實都無關，它就是一個宇宙的定律。

大家一定要常常回到這句話：「我確定我是被愛的。」如果你不確定自己是被愛的，整個行為舉止及對應方式都會不一樣。例如，當先生叫你去洗碗時，如果你確定自己是被愛的，就會開心地說：「遵命。」如果你不確定自己是被愛的，就會邊做邊罵，而且很不甘願。

你是否確定自己是被愛的？這是你個人的感受，跟對方有沒有愛你是兩回事。不管愛你的人怎麼樣，也許不夠成熟、動輒吵架，或是其他各種可能，但是，你必須確定你是被愛的。如果這一點沒有建立，真正的親密關係是不可能存在的，因為你會永遠懷疑，覺得對方不尊重你、不了解你，或根本就不愛你，而演變出很多外在表面的事件。

「確定自己是被愛的」，這點超越了所有的現實，跟做什麼決定沒有本質上的關係，它是一種心境與心態。確定你是被愛的，不表示你就不能離婚，這是兩回事。由於確定自己是被愛的，所以可以離婚或結婚、生小孩或不生小孩；由於知道自己是被愛的，縱使不生小孩、離婚，都還是被愛的。

缺乏情感溝通的婚姻

再回來看看前述這對夫妻，為什麼太太說什麼，先生總要故意反對？因為先生的內心其實早已一把火了。在先生不確定自己是被愛的之前，就是要跟太太作對。對先生來說，什麼叫被愛？就是「不要唸我、不要否定我」。先生的內心其實是很脆弱的，渴望太太認同他、稱讚他、鼓勵他，就算他做錯了，都希望太太跟他說：「你做得真好。」他很希望得到太太這樣一句肯定，但是說不出口，不知道該怎麼說也不敢講，只好用消極的方式反抗。

先生希望不論如何，太太都要先認同他，讓他有信心；他不確認太太是愛他的，甚至覺得太太是因為責任而跟他在一起，所以，給他更多意見，都只會讓他覺得太太在挑剔他、不喜歡他，自己是她的負擔。

而太太也越來越挫折，因為「你生病、我照顧你，可是，我說東、你總要說西」，這讓她覺得做什麼都不對，所以就越來越不耐煩。這也正是先生的感覺，他們兩個就這樣擰上了。

其實，先生非常在乎太太的每個表情及動作，時時刻刻注意著她，可是太太卻覺得先生就是在找麻煩，根本就是在折磨她，兩個人在感覺上的落差很大。長此以往，情感怎麼溝通呢？然而，很多婚姻都是這個樣子的。他們就是很典型內在情感從來都沒有溝通的夫妻，兩人之間的感性沒有真正交流過。如果把內在感受比喻為水果，感覺長期被壓抑，無法表達出來，現在那個水果都已經被壓爛、腐臭、變形了。

真正的愛是由內而外

這位先生內心既脆弱又固執、恐懼又好強，心裡知道錯又不能認錯，因為面子很重要，想讓太太又不想讓，所以能量一直卡在那裡，很痛苦，這就是他得到血癌的真正原因。

我請他先跟著我說一句話：「我一點也不好，我的問題大了。」一定要從這裡切入，才能真正漸入佳境。就如同外科在處理傷口，剛開始第一刀下去，整個傷口挖開了，一定是最慘不忍睹的時候，一旦第一步走對了，後面就容易了。心理治療也是這樣，不要企圖掩飾，一定要先把整個問題暴露出來，挖開處理，先說「我一點也不好，我的問題大了」，接下來，才可以越來越好。

我也告訴這位先生，一定要學習認輸，才會更好。然而，通常男性一直是自我很強，死都不認輸。夫妻關係也是一樣，多半我們的邏輯是，永遠想要證明自己是對的，既然我沒有錯，那就是你錯。但是，這樣的邏輯能讓我們更快樂、夫妻關係更好嗎？並不能。所以，誰先認輸，誰就先贏。

這位太太也是一位自我框架很重、自我要求很高、不輕易放過自己的人，她以同樣的標準要求先生，所以先生就不高興了，覺得太太不愛他，可是，他沒有了悟到，其實太太也不愛她自己。

所以，他們兩個再怎麼看，就是看不懂彼此。先生很在乎太太的每個言語和表情，但是，這個感受的層面，他從來都沒有承認過。而太太只是一直覺得，如果先生在乎我，他就應該會這樣做、那樣做，卻從來不了解，有時候越是在乎一個人，就越會找那個人的麻煩。這對夫妻從頭到尾都沒有搞清楚自己以及對方的內心世界。

我們必須先回來安定自己，否則不會甘願給出那份愛；如果對自己都沒有一份愛，那麼，怎麼給出愛呢？所以賽斯說，愛不只是我們跟別人之間的關係，也是一個回到自己的狀態。如果不能無條件地接納自己、疼惜自己、寬容自己、原諒自己，怎麼可能對別人做到這些呢？

真正的愛是由內而外。我們一定要先回來整理自己的內心，一旦面對自己，看到問題的根源，很多問題就可以慢慢迎刃而解。

第3章 對親密之愛的恐懼

有位學員說，他在親密關係中最大的問題就是，從來沒有真正進入關係。那種感覺就像是，看到別人都已經進球場打球了，他卻一次都沒踏進球場過；雖然很想進球場，也很羨慕在球場上打球的人，其實心裡很害怕進入球場，沒有自信，害怕自己一下就把球玩掉了。

他所提到的問題，就是對親密關係的恐懼。

為什麼不敢建立關係？

對這位學員來說，他對親密關係的恐懼是，根本沒有勇氣建立關係。然而，當你真有一個伴侶的時候，也不見得有所謂的親密關係，因為真正的親密是心與心的親密。

在《心靈的本質》中，賽斯說：「愛是一種好奇，是一種探索。」愛也是一種表達，想要尋求了解對方，也想尋求被對方了解；愛同時也是一種奉獻，但我在第一章已經說過，奉獻不是犧牲自己，一個人是可以透過奉獻、讓自我更豐富的。

在親密關係中我們的確遇到很多困難，例如，自我意識。我們這個文明的自我意識剛開始是藉由理性來發展，然而，一個人理性的時候，就不一定能表達出自己的感性，也不一定能夠把情感及脆弱的那一面表達出來。一個男人可能可以跟一個女性結婚，組成家庭，但是，內在有一個部分可能是不開放的。所以，在兩性關係中，女性常常想跟男性溝通感覺，男人就會說：「你要我說什麼感覺？沒感覺就是沒感覺。」倒是可以講一番大道理給你聽。

愛尋求一種感覺的溝通與表達，可能大家又會覺得奇怪，男人不講感覺、把自己的心封閉起來，卻又可以去聲色場所，花錢尋求外遇的機會。這是因為男人在成長過程中，不被鼓勵情感的表達，卻被鼓勵多做愛，往往把自己的man power用兩種東西來代表，一種是地位、權利、金錢，另一種就是性。你怎麼罵一個男人都行，就是不能說他不行；一個男人可能地位、權力都很高，錢也賺得多，可是一旦讓人家知道他在性方面不行，那就很沒面子了。

男人從小到大不被鼓勵表達情感與感性，但是又被鼓勵多做愛，這對男人而言就矛盾了。這就是為什麼男人經常去聲色場所的原因，他在切割跟女人之間真正的情感交流。他害怕表達愛，因為這有點像是在繳械。「理性」是一個防衛工具，雖然聽起來很有道理，但它是一個外殼，拿掉後，裡面就是柔軟與愛了——萬一愛上對方，就會任人宰割。他害怕被女性掌握，一旦動了真情，就無法做自己、變得軟弱，而把自己交出去了。

你害怕把自己交出去嗎？

相較之下，女人很容易把自己交出去、容易認輸，會把自己的一生交給男人，嫁雞隨雞、嫁狗隨狗；男人卻不容易認輸，也不容易把自己交出去，無法把自己交給一份愛、一個女人。在兩性中，女人是容易讓自己消融在愛中的，而男人面對自我意識的消融時是很恐懼的。這就是為什麼男人容易發展很多性關係，可是卻不把自己交出去。不過，現代有越來越多女人也跟男人一樣，無法愛人、不想認輸，也不願意把自己交出去，因為人真正要講感覺的時候是會變脆弱的。

在愛中，你有沒有容許自己是可以受傷的、可以沒有尊嚴的、會失去自我的？我在第二章說過：「在愛中是不需要尊嚴的。」在愛中，你會不會害怕變得沒有尊嚴、沒有力量？變得要嫁雞隨雞、嫁狗隨狗、聽命於對方？

在愛情中，我們經常都在玩自我的遊戲，想把自己交給對方、同時又不想，害怕對方不負責任。為什麼很多女人常常覺得男人不負責任？因為，對方沒有讓她覺得把自己交給對方，是可以讓她放心的。什麼時候可

以讓女人放心？就是這個男人很負責任的時候。話說回來，如果女人不放心，男人再怎麼負責，她都不會把自己交給他。

人們建立關係，但是不見得可以把自我意識消融下來，願意去信任一個人或一份關係。尤其現在這個社會，男女一樣都會賺錢、有收入，尋求兩性平權，就顯得更不容易了。

想像一下，如果今天你要把自己託付給一個人，你有這種把自己託付給一個人的心理狀態嗎？如果你把自己赤裸裸交給一個人，在對方面前脫光衣服，你會覺得安全、心安嗎？如果對方又不懂得珍惜，你會不會覺得不如就不要這份關係？

愛藉由認同而擴大

有一位女學員說，從小到大看到爸媽一直在吵架，一點感情都沒有，卻因為傳統的束縛而不敢離婚，到了八十幾歲彼此都還在緊勒對方的脖子，互相折磨。看到父母在婚姻中都沒有了自我，她覺得這輩子絕對不要跟媽媽一樣。到現在四十幾歲了，她連戀愛都不敢談，也不敢結婚，就是為了維持住自我。

所謂「嫁雞隨雞，嫁狗隨狗」有兩種，一種是賽斯所說「我不怕把自己交出去」的陰性特質，另一種是覺得「我把自己交出去後，會變得沒有力量」。前者是透過把自己交出去、透過與客體的認同，自己獲得更大的力量，後者是把自己交出去之後，變得沒有力量。

這就是我所要講的重要關鍵：「愛藉由認同而擴大，既不失去自己、同時自己也擴大了。」換句話說，我跟你在一起，我的還是我的、同時你的也變成我的，於是我變大了。過去我們以為的愛是，我跟你在一起，你的還是你的、可是我的變成你的，於是，我的自我不見了，這是一種很偏差的愛。

這位女學員說，她很喜歡自由自在去旅遊、工作出差，在事業上的表現也非常亮眼，她很怕有男朋友或是結婚後，就沒有辦法自由旅行、繼續拚事業，也害怕建立關係後，就會被限制住。我告訴她，進入關係後當然會有很多限制，但是，進入關係也有可能是一種擴大。例如，也許她跟另一半想去旅遊的地方確實都不一樣，這時，兩人可以先去她喜歡的地方旅遊，再去他喜歡的地方旅遊，這麼一來，就能去兩個不同的地方，她的能量及旅遊的地方都增加了，於是，她擴大了。

再舉個有趣的例子，通常我看電視都喜歡看釣魚節目、國家地理頻道、動物星球頻道、極地求生、荒野生活之類的，我太太就會說：「我從來都不知道這些節目有人看。」我們兩個的喜好完全不一樣。她看的節目也是我永遠都不會主動去看的，像是料理、化妝、美容。可是，偶爾我會因為太太在看，而知道知名大廚是怎麼做菜的，所以，我開始學做菜了，而太太也開始知道黑鮪魚是怎麼被釣起來的。因此，進入關係可以是自我不見了，也可以是一種擴大，端視你怎麼想。

自我要既壯大又有彈性

你的愛是藉由認同對方而失去自己，還是達到自我的擴大？你的自我夠不夠強大、有彈性——強大到不怕失去、有彈性到隨時可以跟另一個更大的力量認同？

這位女學員看到的媽媽是委屈、犧牲、沒有自我，不但不能追求自己的真愛、被先生嫌、又必須向傳統認命、完全沒有自己的金錢與時間。她從小看到反面教材，自然會覺得進入關係只是自找麻煩。為了維持自我，她不敢建立關係，以免失去自己，所以，她內心有很大的恐懼，無法把肉體或人生交給一個男人。

如果，你可以藉由靠近一個強而有力的力量，進入關係，順便壯大並擴大自己，就解決這個矛盾了。這個自我就是一個既壯大又有彈性的自我。

如果對自己沒有自信，如何擴大呢？

我們藉由關係而擴大自己，但是，在擴大的過程中會短暫讓你覺得自己好像消失了，看不到自己的價值。如果你一直想凸顯自己，那是因為自

我對自己的存在沒有安全感，害怕失去自我，所以一直想維持住自己的價值。當自我對自己的存在價值感不夠，就無法擴大。

自我是藉由擴大，而有了更大的彈性。在關係中，雙方喜歡的一定不一樣，如果能互相嘗試對方喜歡的，那就是擴大了；但若對自己沒有自信，就不可能擴大了。這就是愛的問題，一個人在沒有自信的時候，恐怕連鞏固自我都來不及了，遑論擴大呢？因此，對自我有信心、肯定自我價值，就可以藉由擴大，更進一步壯大、有彈性。否則，自我是很容易不見的。

當你要擴大的時候，要先把自我放下。自我是藉由放下而變得更強大，而不是藉由對抗與堅持變得更強大。

我告訴這位女學員，想要進入親密關係，很簡單，勾著對方的手，讓他帶你去吃他最喜歡吃的餐廳；也讓他勾著你的手，帶他去你覺得最美的地方、見最喜歡的家人、從事最喜歡的娛樂。感覺到那個時候的你，把自我放下，把自己信任地交給對方，而讓自己擴大。在那裡面，你讓自己變得很有彈性，如果能做到這點，就能進入愛。

害怕負責任，就是失去力量的開始

有些人開始有了曖昧的對象，就會自己在心裡上演許多內心戲：「萬一告白被拒絕，是不是既受傷又丟臉？如果愛上對方、對方又不要我，自己豈不是被作踐了？」這就好像你把愛當作一個珍貴的東西，送出去自己就沒有了一樣。自我會覺得，要把愛情當個東西來好好保護，好比說貞操、愛情、肉體，使用頻率越低越好，隨便給更沒有價值，如果對方又不要，自己就更難堪了。這完全是自我在作祟，也是傳統的愛情觀。

有一種女人，把愛、尊嚴當作東西保護起來，這是最令人害怕的，她把愛當作一個珍貴的東西給男人，可是背後又抱著很大的恐懼。這與我在第二章說過的「我愛你，與你何干」是完全相反的概念。當她把這麼珍貴的自己交給對方時，對方的壓力是很大的，因為她會開始把對方抓得死死的，如果對方不好好珍惜、符合她的要求與期待，就死定了。所以，這種愛情是很可怕的，這其實是打算要對方為自己負所有的責任。

當一個女人說「我愛你，所以你要開始為我負所有的責任」，這跟一個男人說「你是我的太太，就都得聽我的」是一樣的意思，這在建立關係中都是非常限制性的信念。在這裡，女生覺得「我把這麼珍貴的愛及肉體給了你，所以你要為我負責」；而男生覺得「你跟我結婚，所以你是屬於我的」。在愛中，「你要為我負責」是一件很恐怖的事，當你開始希望別人為你負責任，就是失去了自己的力量。

「我愛你，與你何干」這句話是非常有力量的。這句話表示，「我愛你，但是我沒有打算讓你為我負責任、我對你無所求」。藉由我對你的愛，於是我變得開心、喜悅，你可以做你自己，我也沒有要你為我負責。這種愛就沒有負擔，但不代表這樣的愛不能建立關係。

不要把愛當作一個東西守在那裡，愛不是要珍貴保護起來的東西。如果你認為愛是這麼珍貴的東西，原本是自己可以好好守護的，那麼一旦給出去，就會開始擔心萬一對方不好好守護怎麼辦？結果不好怎麼辦？我把自己的愛交給你，我就沒了怎麼辦？所託非人怎麼辦？這就是人害怕受傷的原因。

很多父母在照顧孩子的時候也一樣，覺得自己把最珍貴的父愛、母愛、青春歲月都給了孩子，所以要求孩子回報。這樣的父母會給小孩很大的壓力，小孩只會想逃。愛是不要求回報、無條件贈與的，有了「我愛你，與你何干」的概念才會自在。

自我意識會用「有限」的角度來看愛

有一位個案，長期以來一直在愛中受傷害。她離過三次婚，最近遇到

一個合得來的男姓友人，很想踰越朋友關係，進入愛情和性的關係，但害怕嘗試，尤其對方屢屢邀約她進入性關係，她既想要又怕受傷害，反反覆覆，答應了又反悔，反悔了又想，想了心中又沒有安全感。而聽說男人只是想要性，心中就更恐懼。她說：「我已經二十幾年沒有這種感覺了。」問我該怎麼辦？

過去在婚姻中，為了小孩和維持住一個家庭，她告訴自己：「找一個愛你的人吧！」於是，她把先生當作避風港，卻一直覺得自己的愛無法給出去。在兩人世界裡也沒什麼性慾，每當進行房事就很害怕，總是以逃避或是幻想的方式敷衍了事。一直這樣過生活，內心卻非常空洞，只能不斷用工作來麻痺自己。

她在理性層面、工作上都受到很大的肯定，也可以獨力養家，能力不輸給任何一個男人；但是，在情感層面卻是脆弱又愛面子，只要一談到感情，就變得十分傳統。其實，這也是現代社會常有的現象。

我告訴她一句很重要的話：「當你把愛當作很重要、很珍貴的東西要給出去，這就註定是受傷的開始。」那叫做自我意識的愛。自我意識是有限的，所以會用有限的角度來看愛。當你把愛視為珍貴的、給出去就會減少或是消失的，那麼，你就開啟了受傷之路，因為，你會開始覺得對方並不珍惜，或他可能有了你又跟別人在一起，於是，你就受傷了。這樣的愛，到最後就會不敢再給出去，或者，你會找一個愛你比較多而你愛他比較少的人。

有趣的是，當你曾給過一份很珍貴的愛，而你受傷了、不想再給時，往往會遇到一個拚命給你愛的人，可是你並不愛他，內心很清楚他愛你比較多，這時候就會對性產生冷感。所以他跟你做愛時，很開心、很愉悅，此時的你卻是非常不開心，因為沒有感覺。

你很知道自己跟他在一起，是因為自己需要這份關係或婚姻，但並不真的愛他，所以，在愛的過程中你是沒有感覺的、在做愛時也是沒有感覺的。你以為自己對性冷感，其實不是的，而是還沒有真正遇到想要再去愛的人，以及害怕再受傷。別忘了一開始，你已經把愛當作一個要給出去的珍貴東西，而且是給出去會變少或不見的，就像錢一樣，給出去就沒有了。這都是自我意識的愛，自我一定是用有限的角度來看待愛。

連結內在源源不絕的能量，體會給不完的愛

這位個案事業成功、精明幹練，但只要一說到愛情，馬上就變得很低能。問題都不在於哪一段感情如何，而是對於感情，你是否覺得那是一個會失去的東西？你想要給出愛嗎？你有因為愛而豐盛了嗎？

我前面說過，自我意識的愛，會把愛當作珍貴的、會失去的、給出去就拿不回來的。但是，自我意識可以得到內我意識的能量補充，當內我意識給予自我意識新的能量，讓它用來建構實相、肉體及事件時，並不會把

這份能量當成有限的或有附帶條件的。換句話說，如果自我意識沒有跟內在能量連結，就會緊緊守護愛，並且如此地害怕失去；如果自我意識與內在能量連結了，就可以感受到內在源源不斷、給不完的能量與愛。

如果我們把愛給了對方，但是對方不珍惜或不要了，沒關係，反正我們還有很多愛。所以，當你把愛當作是珍貴的、給出去就沒有的，你就受傷，那是自己把愛的能量窄縮了。從這個角度來說，雖然不容易做得到，但是一定要告訴自己，給予就是分享，對方能珍惜當然很好，如果不能珍惜也沒有關係，內我永遠有源源不絕的愛。

女性不是性的提供者，男性不是性的掠奪者

女人常有一種錯誤的觀念：「我把身體給了對方。」在性的過程中，女人往往是配合者，覺得把身體給了男人，就是被男人占了什麼便宜似

的，自己好像損失了什麼，這個觀念是不對的。真正平等的兩性關係是，你沒有少什麼，同時也享受到了。你是在得到東西，是在享受那份愛、那份給予，而不是去失去珍貴的東西，如果抱持的心態不對，那麼就會受傷。

如果要計較誰吃虧、誰給了誰什麼，那麼，兩性關係就變成一種條件交換，這就不對了。難道在付出的過程中，我們沒有得到自己想得到的嗎？至少我們享受了自己的付出。

性的過程是陰與陽的交流，是雙方能量的交流，要去享受它，這才是對的。女性不是性的提供者，男性也不是性的掠奪者。

在此順帶一提，目前全世界只有台灣與伊斯蘭國家還有所謂的通姦罪。台灣已經法制化、自由化這麼久了，竟然還有通姦罪，實在是令人不可思議。通姦罪除罪化的理由是，這件事情是人民的自由，但這並不表示人民應該有外遇，而是，外遇是自己要對自己負責，法律不應該管到這些，這與是否觸犯法律是兩回事。

在外遇中我強調的是，各自為自己負責，那是玩得起的人玩的遊戲，有些人可以有，但有些人不適合有。通姦罪是要保障大老婆的權益，可是保障大老婆的利益就等於是看輕她的力量，所以，這個理由是不對的。個人的情感和性，是個人的自由，法律不應該干涉到個人的私領域，這一點是明確的。但是，每個人要為自己負責。

在關係中，透過關係的擴大，走上自己的價值完成

有人問我：「如何才能遇到靈魂伴侶？」

以賽斯心法來說，這個世界上每個人都是我們的靈魂伴侶，而我寧願用另一種方式來回答這個問題：「不論是夫妻也好、伴侶也好，或是任何一份關係，最後都是要走上自我價值的完成。」學習賽斯心法是要尋求解脫，但它的解脫之道與大多數人以為的佛法是不一樣的。佛法是要離欲斷愛，最後消滅所有的慾望；賽斯心法是熱愛這個世界，更投入這個世界，最後，進入自我價值的完成。

何謂「自我價值的完成」？就算你在關係中，最後也要完成你自己。例如，魯柏與約瑟，他們雖然一起完成賽斯書，可是彼此獨處的時間很多。約瑟常常自己一個人出去散步、一個人在畫畫，而魯柏則常常自己一個人在書房寫詩。賽斯告訴他們：「魯柏你要更努力去寫詩，去當一個詩

人；約瑟你要更努力畫畫、投入你的畫，把你人生的失敗、成功、喜悅、累生累世的智慧與經驗，灌注在你的畫中。要把你的畫送出去、賣出去，不能把畫藏在家裡。」

賽斯說，魯柏與約瑟在這一世，都可能成為天才藝術家。在關係中，最後也是要透過關係的擴大，而走上自我價值的完成。魯柏傳述賽斯書、約瑟記錄賽斯書，他們是分開而共同努力、彼此成就，最後也都離開輪迴。

關係的建立最後仍要回到自我價值的完成。至於，有些人是否因為內心的匱乏與寂寞，急著想找另外一個人？那就是自己要面對的事了。重點是，你找到了一個伴侶之後，有沒有去完成自我？

學會給出愛，不再受傷和恐懼

當你跟一個人在一起，是否決定要給出愛了？各位要學會給出愛而不再受傷，真正去面對而不再恐懼。

在愛中，當你匱乏就會一直想要抓住，同時又怕失去。其實，我們沒有什麼好失去的。施比受有福，能給出愛、給出關心，就去給。一個人能夠有人去愛、去關心、去噓寒問暖，是一件多幸福的事呀！對方不一定要屬於你，一旦屬於你可就麻煩了，任何東西一旦屬於你，你就要負起百分之百的責任，就連小孩都不屬於你，這個世界上，沒有什麼是屬於你的。我們只是一直不斷在創造的過程中。

訓練你的自我，不再因建立關係而失去自我，也不再是失去自我才建立關係。要建立關係，在關係中擴大自我、壯大自我，最後進入自我價值的完成。

第4章

伴侶如何談「性」

在親密關係中，「性」占了很重要的成分。大家不要以為親密伴侶都會談性這個話題，就我所知，很多親密伴侶是不談性的，也有很多人其實很想討論，但是不知道該如何進行。

究竟親密伴侶要如何談性？又該如何去面對這個部分呢？

● 讓自己迷失在感官中，全心投入

我先從賽斯《私人課》的內容說起。有一次，賽斯談論到魯柏與約瑟之間的性，由於他們一直都是很理性的人，所以，賽斯告訴魯柏：「在親密過程中，你必須讓自己迷失在那個感覺裡面。」那個感覺，指的是情慾的感覺、撫摸肌膚的感覺、彼此碰觸的感覺。首先，你必須讓自己迷失在感官的感覺中，不要想去控制你的感覺；然後，讓自己全心全意投入那個感官，讓你的頭腦失控，在過程中盡可能把自己打開。

也許各位會覺得這樣似乎很肉慾，其實不對，因為肉體本身是由神聖的原子與分子意識所組成，所以，肉體本身有細胞的意識。賽斯說，要讓自己失控在那個肉體的感覺中，去迷失在感官中，不要去控制它。

我覺得「如何讓自己投入」這個概念非常重要。市面上有很多教性技巧的影片或資訊，經常會過度強調技巧、身材及表現，尤其是男性，由於很在乎自己是否持久，所以會在技術層面恐懼及害怕。但是，我們要把這些觀念拿掉，讓自己真正進入感官的享受中。

有位學員非常有趣，她是在一次意外發現先生外遇後，才真正激發起內在性的渴望。她說，每次想到先生的外遇就很生氣，覺得為什麼先生可以跟別人上床，心裡很不甘願，所以更激起她的性慾，幾乎每天晚上找先生上床。而且，她只要想到先生有外遇，就會想，為什麼自己以前這麼保守？為什麼別人可以享受，我不能享受？於是，就更打開自己，盡可能去享受性的過程。

讓自己得到性的美好，是身體應有的權益

提到性慾，很多人會覺得是不好的或是負面的，可是，性慾就跟食慾一樣，為什麼不能是正面的呢？如果你有一個親密伴侶，為什麼不能好色？只要不去強迫別人，不去做不對的事，好色是一件很好的事。我們得先肯定性慾的能量並肯定這個慾望。

身體有身體權，有吃飽的權利、有想聽美妙音樂的權利、有想看美景的權利，性也是身體很重要的權利。很多女性有個錯誤觀念，覺得自己的性是來取悅男人的，其實不對，我甚至要跟大家說，何不把和伴侶的性關係當成取悅你的過程呢？

讓自己得到性的美好，是身體應有的權益。我們可能都忽略了身體有他自己的渴望，身體有他的權利，你要讓他覺得吃飽、安全、冬暖夏涼，要顧好身體的權益。

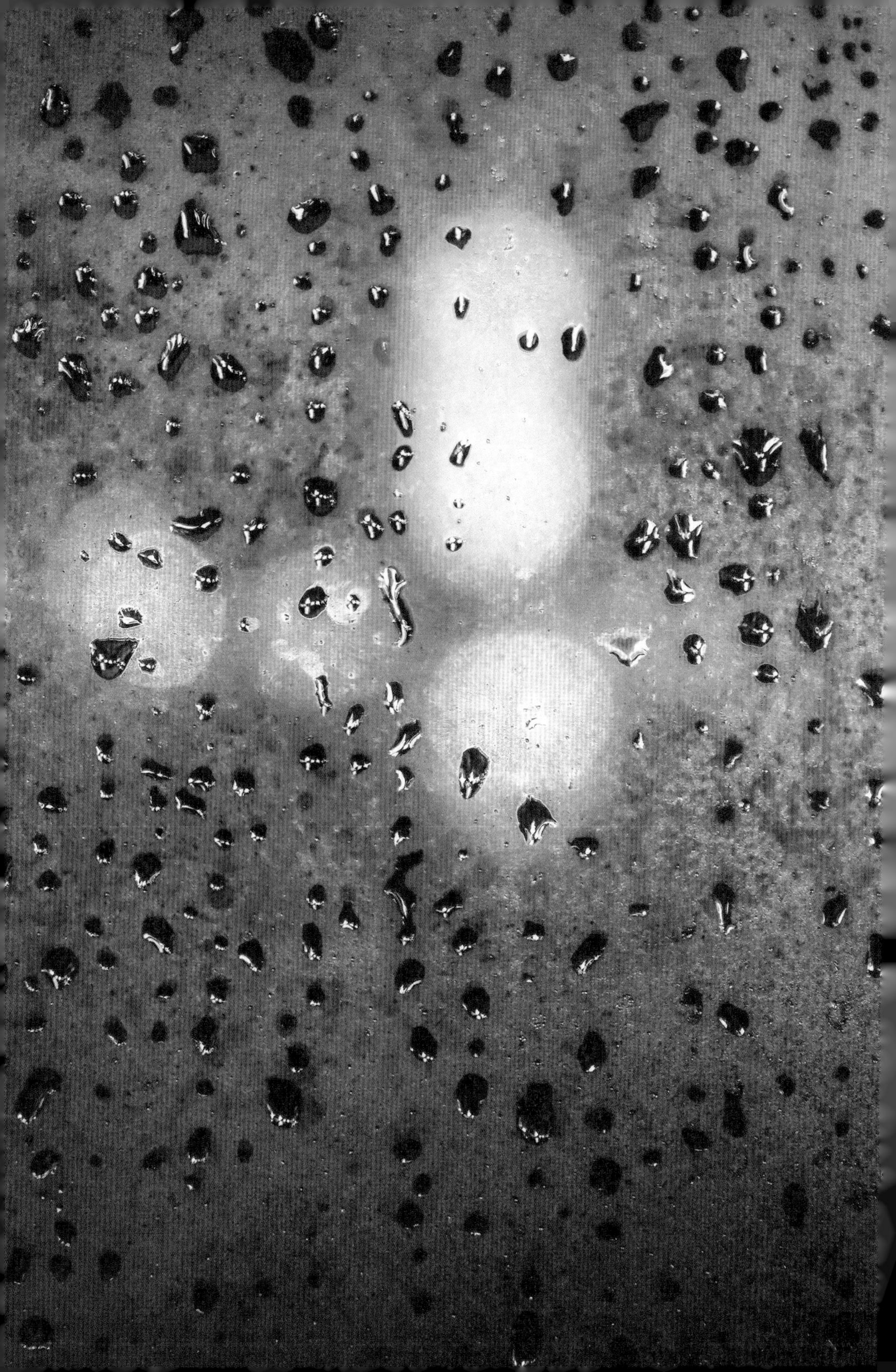

親密關係也是身體很重要的權益，伴侶之間當然會有性的關係。但是，身體的親密不只是跟性有關，例如，親子之間的接觸和擁抱、朋友手牽著手散步，這些身體的撫摸與按摩都是很重要的。不過，很可惜的是，現在人與人之間身體的親密越來越少，例如我的家庭，我爸媽出門是不牽手的，有時候我要牽媽媽的手過馬路或逛街，她都不習慣，因為我們家沒有培養身體的親密感。我鼓勵親子出遊的時候，全家手牽手，身體本身是渴望被碰觸的。

肯定性的能量及慾望

有位個案來到我的門診說她很痛苦，她與先生是高知識分子，在社會上都有一份體面且有成就的工作。有一次她偷看先生的手機，知道先生與聲色場合的小姐有外遇，而且手機的內容都快把她嚇死了，她說先生跟那些女生談話的內容好粗俗、好低級、好露骨，我問她：「大概是什麼內容？」她不好意思說出口，直到最後才說，像是「你的屁股好圓、好飽滿，我好想咬一口」或是「我看到你就硬了」之類的。她說：「我跟先生認識一輩子，從來沒聽他說過這些話，他怎麼變了一個人？他是不是有病？」

其實，人有一部分是比較原始的自己。很多夫妻倆都是老師或高知識分子，他們會禮尚往來、講話很文雅，可是有時候男人去聲色場合，就會講很粗俗的話，女生便覺得他怎麼會是這種人，講的話根本不堪入耳、很低級、很露骨。就像這位太太問的：「我先生是不是有病？」我告訴她：「站在精神醫學的觀點來說，你先生是滿正常的，因為人都有那一面。」

在這裡，我們要把批判拿掉，先講人性。要進入身心靈，就不能迴避這些人性。而性有時候會涉及人性比較露骨、粗魯、原始的那一面。

為什麼有些男人喜歡去聲色場合找性工作者？因為可以完全放縱他的

慾望、罵三字經、講很多粗俗露骨的話，在那個過程中，他會得到非常高級的享受，展露很低級、露骨、淫穢的那一面，覺得有助於性的效果，讓他非常興奮。

曾經有一位個案，我問他：「你有正常的家庭生活，跟太太的性生活也不錯，為什麼還需要花錢去找性工作者？」他說：「你不懂啦（我還真的不懂），在那裡面可以很淋漓盡致，可以說很粗魯、很低級的話，對方也會以相同的方式回應我。當她一講起這些話來就會很助興，讓我很爽。」他跟太太之間就無法說這樣的話，當然太太也不肯講，會說：「你是個知書達禮的人，竟然這麼低級，我又不是妓女。」可是，他在外面就可以這樣做，而且可以得到充分的滿足。這些話語也許很粗魯，但這就是很多男女閨房之間不可外洩的樂趣。

在夫妻關係中，不容易有這樣的對話，可是在某些人性的底層，它其實又是重要的。當然，有一些夫妻之間是可以講這種話的。不過，越講究文明或文化，夫妻之間就會越相敬如賓、很有禮貌。可是，性有時候是很粗魯的，如果無傷大雅、兩個人都願意，那又何妨呢！

一般親密伴侶不一定會培養這個情趣，可是人都有底層的那個部分，所以，如果親密伴侶可以去面對這一塊，甚至說出口彼此溝通，我覺得親密關係會變得很不一樣。

拿回自己的身體權與情慾權

在性的關係中，女性有時候渴望被征服，男性也渴望征服女性，我並不是說這是對或錯，而是說，人在那個狀態中甚至可以是淫蕩的。如果你在性的過程中不淫蕩，那麼，怎麼把你的感覺釋放出來？如果你連在性、在最赤裸的情況下都不能淫蕩，那麼你要在哪裡淫蕩呢？這會造成一種能量的阻塞。

過去對一個女人最嚴厲的批評就是淫蕩，而男人的好色也已經被標籤化了，不過，我們必須肯定這樣的慾望，只是它必須不能侵犯他人、勉強他人，也不能性騷擾別人，這是遊戲規則；然而，在親密關係中你為什麼不能是淫蕩的、好色的？若你是好色的、淫蕩的，可以把自己的肉體充分打開，去享受那個慾望、那個高潮、那個性的過程，有什麼不好呢？

過去，一個男人被說是好色的，或是一個女人被貼上淫蕩的標籤，都是很大的汙辱，所以，我們極力避免，可是有時候矯枉過正，於是在親密關係中，也擔心自己會不會變成淫蕩或好色。男人的好色好像比較容易被接受，女人淫蕩就比較無法被接受。所以，大體來說，女人有很多慾望都被壓抑了。

女人經過了一、兩千年才拿回自己身體的自主權。自由戀愛是中國這一百年來才有的事，一百年以前還沒有自由戀愛。台灣也是，像我爸媽就是媒妁之言。早期只有青樓女子有自由戀愛的權利，任何正經的女人都不能談戀愛，然而，如果沒有愛情的自主權，也絕對不會有身體的自主權，當然，更不用說性的自主權了。

女人要拿回自己的情慾權，所以，我前面說過，你的伴侶是讓你的身體開心的過程，而不是你把身體提供給伴侶。很多傳統女性都還有這個觀念，覺得自己是取悅伴侶的工具，這是不對的。如果有自己的情慾權，那就是力量。

如果你有所謂的處女情結，例如，覺得處女是要給人家的、很珍貴的，或是有些女生小時候被性騷擾或被性侵過，就會覺得自己是不完整而且不潔的，這些都是錯誤的想法。有位女個案，小學的時候就被男性親戚性騷擾，高二就跟男朋友發生性關係，我問她為什麼要這麼早發生性關係？她說，想要趕快知道自己是不是處女，而且一旦跟男朋友發生關係了，就可以把第一次賴給他，來證明自己的第一次不是小時候那一次。她很想把小時候那件事情抹掉蓋過，後來很早就結婚了，結果婚姻一塌糊塗。

東方人的處女觀念是很重的，這也跟身體權有關，覺得身體是一個要給出去的東西，這根本就是沒道理的想法。如果你覺得身體是要給出去的東西，那表示你根本還沒有認可自己存在的地位。所以，女性要開始改變想法，男性或是你的伴侶都是讓你開心的，而不是你用身體去取悅別人——這是非常扭曲的概念，要拿回自己的主權。

任何身體都能展現強大的情慾力量

說到情慾和身體，大家就會開始比較了，比較胖瘦、胸部、年紀、皺紋等等，其實，每個人的身體都有自卑的地方。我有一位個案，她的先生有小三，還生了三個小孩，她有一次問先生，你到底喜歡對方哪一點？先生說：「對方胸部比你大、比你漂亮、肌膚比你年輕。」小三才不到三十歲，老婆快六十歲了，這要怎麼比較呢？這裡我要讓大家知道的是，肉體客觀標準的好與壞是另一回事，重點在於，你的情慾有沒有出來？

一個胖胖的女人，可以是情慾能量很強的，所以，不要受限於身體的客觀現象，有時候男人也會迷戀一個胖女人。不要以為胸部豐滿、身材姣好才是性感的，我遇到一些男性個案，會迷戀胖女人，主要是因為這個女人覺得自己很性感，她展現出身體的力量感，以及情慾的力量。

一個胸部小的女人也可以很性感、很淫蕩，這跟身材無關，而是一種心理上的自我認可，任何身體都可以展現強大的情慾力量、都有偉大的吸引力。所以，不見得一般市面上美的標準才是標準，其實不然，有時候真正吸引男人的是女人情慾的力量。

性慾的能量是內我佛性在世間最強的能量展現

性能量是從內我而來。佛洛依德以為性是來自潛意識，賽斯說不是這

大城郵幣社
大城郵幣社
TEL 2314-7081
大城郵幣社

樣，原欲是從更深的內我來的，內我就是佛性，所以，性慾來自佛性。

我來解釋一下，大家就能了解我為什麼這麼說。學習賽斯心法會知道，我們是來自內我，內我透過能量產生原子、分子的意識，原子、分子的意識結合成細胞意識，細胞意識演化成身體意識，而身體意識再形成所謂的意識心與自我意識。內我唯有透過身體和意識心，才能來到物質實相，所以，內我渴望物質實相延續下去，才可以繼續派出外在自己，來到物質實相出差、旅遊、學習、考察兼玩耍。

簡單來說，內我必須持續派我們來輪迴，我們才能成佛，因為內我已經是佛了，可是我們還不是佛，得有肉體才能修成佛。所以，對於內我來說，我們要有原欲，精子與卵子是內我的一個入口，每個內我意識必須經由它，才能降生到這個世界出差、旅遊、學習、考察兼玩耍，修習愛、智慧、慈悲、創造力與神通，最後才能成佛。所以說，原欲是從內我而來。

人要吃才能活，要活就要有生存的本能和性慾，比方說若有人要掐死你，你會把他踹開，螻蟻尚且偷生，何況是人，所以，內我有很強烈的慾望，需要物質世界來存活；同時，人要有性慾才能帶來新的人格，以持續輪迴。如果現在全地球統統沒有小孩，輪迴就結束了，也就沒有地方讓人成佛了。很多人以為輪迴結束、苦難就結束了，其實不對，這就好像把全世界的小學都關掉一樣。

所以，內我必須藉由肉體才能待在這個世界，才能成佛，佛家常說「人身難得」就是這個意思，不過，佛家永遠解釋不清楚為什麼要有慾望。慾望是內我藉由肉慾，甚至是男歡女愛，來延續這個物質實相，如此一來，內我才能繼續來輪迴、成佛。宇宙就是藉由這樣的過程不斷擴展、開啟愛與智慧的旅程。

性慾是所有生物的內我能量，在物質實相最強大的能量之一，我並不是說一個人一定要有性慾，或性慾是絕對必要的，有些人可以轉化，很多修行人其實是不需要性的，他們可以把它轉變成對眾生的愛與慈悲，像泰瑞莎修女不需要性生活，因為她把自己奉獻給孤兒和小孩，這是可以的。不過，一般而言，性慾的能量是內我的佛性能量，在世間最強的能量展現。所以，透過性慾的體會，我們能跟內我的能量做最大的連結。

但是，我們能一直停留在性慾嗎？不行，那是生物層面而已，我們要慢慢瞭解到生物層面背後的靈性層面。這就是為什麼要把性的本能變成一種能量及能量的體會，其背後是要讓我們更了解內我的能量本質。當內我的外在自己，修練到某個程度，就不想再藉由性慾繁衍下一代，此時，會開始把地球功課結束，減緩性慾的部分，能量往內收攝。但是，在此之前，他必須體會到巨大的能量。

因此，對於人類來說，性的能量是我們與存有之間，連結的一個入口與法門。

現代人類的問題在於靈與肉是分離的

說到這裡，也許有人會問，那麼在歡場可以到達這個層次嗎？

其實，性到後來絕對不是生理現象而已，它包含了心靈內在的部分。男人可以去歡場逢場作戲，也可以去尋歡作樂，但那只會停留在生物的層面，無法提升到心靈的領域，如果只是肉體的發洩，最後會不滿足。

也有學員曾經問我，修行賽斯是否可以將能量提升到一個層次，最後就不太需要性，而到達另一個層次？

我認為應該這麼說，性的層面會越來越從純粹的肉體、生物性層面，變成靈與肉的一種連結，開始提升到精神的層面。就像你交朋友不只是因為他有錢，而是為了你們之間的友誼。

現在，我們再從精神的層面來看肉慾的部分。

現代人的親密關係多半是慾望歸慾望、心靈歸心靈，慾望與心靈分開了。很多夫妻之間的問題是，他們不溝通心靈，不了解彼此的內心，就只是做愛。這也是目前人類面臨的「靈肉分離」問題。西方文明一直鼓勵大家多做愛，但是並沒有提升層次，這就好像只是填飽肚子，卻沒有感覺，缺乏真正心靈上的愉悅與滿足感，彷彿只在性的層面不斷發洩而已。

性可以只是一種器官的愉悅，然而，當你順著那個感覺，讓自己迷失在其中，全心全意地開放自己，去享受那個撫摸、享受那個高潮，整個進到感覺裡，此時，已經不是兩個人在做愛了，而是跟整個宇宙在做愛，你會真正享受到一種爆炸性的快樂。這時候，就開始慢慢從一種純粹生理上的愉悅，提升到一種精神上的滿足，那是完全不一樣的狀態。這已經是超越了性，但我不會說那是超越，我會說那是性的本質，「性」本來就是跟宇宙能量連結的。

●學習「表裡不一」的表達技巧

再來就要談到，如何跟伴侶開口談性的部分。

有位學員對於性事非常苦惱，來到我的門診求助。她的苦惱在於，婚前交過很多男朋友，有不少性經驗，但她是先生的第一個性對象，年紀也比先生稍長。她說，先生技術不好又有主見，像個年輕的高中男生會看A片，想要模仿影片內容，卻又抓不到重點。她很想跟先生溝通，卻又怕傷到他的自尊。現在面臨生小孩的壓力，問題是她跟先生在一起之後，變得壓根兒不喜歡做那檔子事，完全沒有愉悅感，不知道該如何是好。

其實，很多男人對於性是不懂的，就像她的先生模仿了A片，就提槍上陣，結果是自己一直很費力，女生也沒享受到，就是既粗魯又弄得女生不舒服，但他卻一直以為自己很棒，表現一百分。

像這個狀況，她是先生的第一個女人，先生實在也不知道如何去給予女性所需要的，女生雖然經驗豐富，但又很怕傷到男生的自尊心。所以，親密伴侶在談性的時候，最重要的第一步是要跨過面子問題。這真的很難啟齒，究竟要怎麼去談？這是有技巧的——開始學會「表裡不一」的溝通。

她可以先讚美先生，因為男人一被讚美就會表現得比較好。例如，男生的那話兒明明像牙籤一樣細小，她也要說：「老公你好雄偉喔！」男人一被這樣稱讚，就真的會變雄偉了。或者鼓勵他、稱讚他：「你好棒喔，我從來沒有遇過這麼棒的男人。」等到他聽進去了、開心了，就會說：「是呀，那你有沒有覺得我什麼地方可以更好？」這就可以慢慢接下去了。一定要先稱讚對方，然後，再開始說他聽得進去的話。這就是重要的表達技巧。

其實，很多男人拚命、賣力地用自己的方式想要取悅女人，但他取悅的方式卻讓女人痛苦得要命，完全不是女人要的，此時，如果女生不說自己不舒服，他就以為對方很高興，就一直用這種方式對待，甚至變本加厲。我發現很多夫妻或親密伴侶都有這個問題，所以，女性要讓伴侶知道怎樣才是你要的，而不是他做很多努力，結果卻是無效的，他以為自己很棒，而你卻在那裡受苦。

夫妻或親密伴侶之間一定要學會某程度的說謊話，如果男生有早洩的問題，你也不用安慰他，因為你越是安慰、他就越難過，千萬不要說「最近身體不好喔，沒關係」或「最近工作很累吧，沒關係」之類的話——女生一這樣說，男生就真的完全洩氣了。

這不是在做心靈輔導，有些事情是不能同理的，一旦同理下去，整個就難堪了，這是要學習的。首先，一定要學習表裡不一的表達，然後，再開始用肯定的話。男人在那個狀態下有時候是很脆弱的，不要以為他很理性、很堅強，再怎麼理性、堅強的男人，這時候甚至比女人還要脆弱、還要更幼稚。他真的會像個小男孩一樣想取悅女生，很希望你告訴他，怎麼樣你才會快樂，而且，他甚至會以取悅你為榮，因為他很在乎你的感覺。

往往我們對親近的人，反而不會說表面話，懶得去應對而隨便敷衍，這是不對的。越親密的人，有時越要學會「表裡不一」的表達，因為有時候太親密了，所以都說實話，直接刺中要害，一針見血，這不見得是好的。

彼此給予對方讚美及肯定

在性的親密關係中，彼此的肯定與讚美是很重要的。很多夫妻或伴侶的相處常常讓我覺得很遺憾，一方總是希望另一方認可並稱讚他，可是他們都在拚命否定對方，卻又想得到對方的肯定與認可。

我想問的是，在一份親密關係中，你真的肯定你自己嗎？你對你的身體、自己的存在有沒有一份肯定與自信？當你有一份肯定與自信，才能展

現出情慾的力量。如果你對自己根本沒有自信心，那麼，憑什麼去得到你要的？

甚至到現在，有很多女人都還是配合先生，永遠是性的提供者。女生通常不容易主動索求，可是，如果你永遠都是提供者，請問主權在你身上嗎？並沒有。如果沒有主動權，就會讓伴侶一直用他的方式去對待你。所以，對自己的肯定非常重要。

再者，當你足夠肯定自己了之後，能不能真的去肯定對方、從你的角度說出讓對方開心的話？我知道這並不容易，因為越親近的人，越難說出稱讚的話——我們沒有那個習慣。所以，要開始學會有點虛偽、表裡不一、睜眼說瞎話的技巧。在日常生活中，對方就是需要你的肯定，去肯定別人不是一種虛偽，而是讓對方改變，用認可來讓對方有所修正。就如同越被肯定、被鼓勵的小孩，就越不會變壞。

彼此如何認可對方、給予對方肯定的感覺？這要從日常生活開始做起，當日常生活容易了，在親密關係中也才會容易，不至於一開口說話就是批評。如果平常都說不出口，在身體親密關係的過程中就更說不出口了，通常那時會帶著很多情緒，到最後能避免就避免，彼此之間的隔閡就越來越大。

當你是一個有力量的人，對方的心就被你擄獲了

我做過很多心理治療與個案，其實對很多男人而言，有時候會期望他的太太是更有承擔的。我知道很多女人都期望被先生保護，或期望先生是很偉大的，不過，我會建議女人，有時候顛倒過來，要能夠呵護你的先生，讓他躺在你的懷裡並覺得你是能保護他的，讓他可以在你面前哭得像個小孩。

你要讓他覺得你也能承擔，當他不上班的時候、你也可以養他，當他

有心事告訴你、你可以給出很好的建議，而不是當他想跟你討論的時候，你什麼都不懂。要學習當伴侶的聊天對象，不要讓男人覺得女人就是沒用，某部分要讓男人有一種安全感。

很多男人身心疾病的原因，都在於他只能是強者、是呵護家庭的角色、是爸爸、是先生。其實，男人很需要女人的鼓勵，很希望他的伴侶是可以信賴的。夫妻一定要互相信賴，這樣先生才會願意把心交給你、真的看得起你。而不是他必須永遠扮演一個強壯者的角色，呵護著你，女人當弱者、被呵護的時代已經過去了。女性要有自覺，要讓伴侶覺得你是有力量的，不要老是只想找一個長期飯票，或找一個人來保護你。

以前的時代是，女人抓住男人的胃，就抓住了他的心，那個時代也已經過去了，現在外面的餐廳都做得比你做的好吃了。你可以給他安全感嗎？這也是夫妻親密關係很重要的一個部分。當然，男人有時候會很矛盾，希望女人什麼都不會，用崇敬的眼神看著他，可是又不希望你什麼都不會，因為他的擔子很重、什麼都要扛，所以，有時候他會希望你能決策。

身為女人，要適時拿起這個力量。當你扮演一個有力量的角色，我說句實話，對方就不容易去找小三，因為他的心已經被你擄獲了。

不過，有一種女人什麼事都做得好好的，方方面面都顧到，什麼都扛起來、搶著做，這時就要學習製造機會讓先生為她服務，讓先生有機會展現男人力量的那一面。這種女人要記得三個字「停、看、聽」，不要什麼都搶著出頭，試著往後退一點。

你對性賦予足夠的尊重嗎？

夫妻久了，性生活都很規律，會想要變化，但是我想問，你們有沒有對性賦予足夠的尊敬？其實性的問題都不是出在很高深的學問，多半是很基礎的問題，如果你們認為性是不值得花心思重視的，好像是個不得不做、或是做了就算了的事，這樣會出問題。

我曾經輔導幾位男性癌友，他們結婚生了小孩，太太重心放在小孩身上，夫妻之間性的品質下降了，這時候，比較敢的男人就去外遇，比較傳統或不想破壞家庭的男人就真的生病了。其中有一位，我問他究竟怎麼回事？他說，生了兩個小孩後，三、五年就過去了，太太也忙著工作，晚上很累，性生活品質直線下降，他覺得當了爸爸後，各方面都越來越好，但夫妻之間就越來越沒那件事了，最後想著：「我到底活著幹什麼？」

各位不要以為這是件不打緊的事，很多人常常都是等到事情發生了，才開始抱怨。性的方面，女性還可以忍，但對男生來說，那是固定每兩、三個星期就會開始煩躁不安的，有生理上的定期性。女生比較可以壓抑，而很多男生不說，但其實都有問題。

大家常低估了性的重要，沒有認真把它當一回事，問題點就在於，你沒有用真正嚴肅的心態把它當一回事。

在親密關係中，性就是有別於你跟其他的關係，所以，性是親密關係很核心的一個部分。把性當成是有趣的，女人可以是提供者，男人也可以是提供者。男人很高興為女人服務，人因服務而有價值；女性也可以有主動權，像是主動讓伴侶裝扮成你喜歡的樣子，穿個丁字褲、吹薩克斯風，多性感呀。

也有一些女性說，結婚後蠟燭兩頭燒，下班還要顧小孩，男生都不用，所以比男生還累。針對這點，我會建議，智慧乃解脫痛苦的良方。很多事情可以事先預防，伴侶之間的關係顧好，之後家庭、孩子、外遇、小三的問題，統統都可以避免。要去想辦法，提出問題並解決它，而不是永遠在抱怨。這就是自己要拿回力量的地方。

我還是要回到「你創造你自己的實相」這句話，夫妻或伴侶都不應該讓自己太累，一個月至少兩天營造你們的情趣，所有問題都可以解決。很可惜的是，很多人從來都沒有嚴肅看待這事，也沒有把它當成一件重要的事情。

所以，一定要改變心態，看重這個問題，把它當一回事，不要逃避，去面對，拿回自主權，好好的肯定自己跟對方。讓自己開心，性能量就是一股強大的身心靈健康力量。

第5章 透過親密關係看見自己

親密關係不是兩個人的事，也不是兩個家庭或家族的事，其實是關乎兩個世界，因為我們通常都在自己的世界裡。各位絕對不要忽略一件事，每個人真的都在自己的世界裡，用我們這個世界的角度看別人，別人當然也在他的世界裡，用他的角度看我們。

理論上，親密伴侶是我們衝突最多、相處時間最長、知道也最了解我們情緒的那個人。所以，我們最能從親密關係中覺察自己。如果把親密關係當作自我覺察、自我成長、自我改變的工具，那麼，我們可以從中學到什麼？

你想讓大家「覺得」你是怎樣的人，還是「認識」真正的你

以溝通為例，父母經常說要跟孩子溝通，但孩子卻覺得那是說教，因為父母想改變他，要他有所不同。其實「溝通」的前提，不是為了改變對

方；如果溝通的目的不是為了改變別人，那麼，什麼是溝通呢？真正的溝通是「更深入了解對方，或讓對方更深入了解自己」。

這裡，我想先問各位一個問題，你想讓大家「覺得」你是一個什麼樣的人，還是「認識」真正的你？

例如，你去應徵工作的時候，第一天就會暴露自己真實的樣子嗎？還是希望老闆認為你是個認真、勤快、負責的人？約會的第一天，你有沒有希望別人認為你是什麼樣子？

這個世界的主流在於，我們都在極力隱藏自己是A、而讓大家以為是B，這甚至就是我們教育的過程，當一個人可以做到他其實是A，卻讓大家以為他是B，他就成功了。

其實，在人與人的互動中，多數都是抱著一個心態：「我要讓對方覺得我是一個怎樣的人。」不只如此，有時候，連我們都希望把自己變成一個自己認可的人，不見得想認識真正的自己。

你對於真正的自己感興趣嗎？在受教育及成長過程中，你曾經花多少力氣與時間去凸顯存在的個人性與獨特性？還是你覺得只要不跟別人差太多就好？你希望別人認識真正的你嗎？

如果再涉及親密關係，那就更錯綜複雜，而讓人掙扎又痛苦了——這裡面包含了你眼中的自己、你真正的自己、別人眼中的你，以及你眼中的別人。

親密關係是自我動力學，甚至涉及了自我衝突與掙扎

你希望別人認為的你，跟你內心真正的自己，落差大不大？落差越大的人，越是一個虛偽的人。一個人有可能做到連他都不覺得自己是在虛偽了，因為他對自己隱藏了自己。有時候，人一輩子一直以為自己是A，其實他是B。

所以，在親密關係中有個很重要的概念，有部分在於「我不能接受你眼中的我」。我有位個案，想結束一段親密關係，我問他為什麼？他說：「我越來越不喜歡那個在親密關係中的自己。」他越來越不喜歡對方所誘發出來的他，越來越討厭跟對方在一起的那個他，而不是他討厭對方。

如果我跟一個人相處，他越來越可以誘發出一個善良、很棒、有才華、體貼的我，我就會更喜歡跟他在一起。如果他越來越誘發出壞脾氣、不耐煩、自私自利的我，我就會逐漸不喜歡跟他在一起。

親密關係是一個自我的動力學，它甚至會涉及很多自我的衝突與掙扎。如果我越來越不喜歡跟他在一起的「我」，是因為那個「我」變得越來越不快樂；我不喜歡的是跟他在一起的「我」，而不是跟我在一起的「他」。

曾經有位女學員說，她不喜歡看起來「很高級」的男人，為什麼？因為跟越高級的人在一起，就越會感覺到一個不如對方的自己，她不喜歡自

己不如那個高級的男人。這裡面涉及到的動力學是：「我拒絕接受跟一個比我好的人在一起，我不想面對一個不夠好的自己。」親密關係是自我心理動力學的結果，所以，有時候會塑造出一個你喜歡的自己，也會塑造出一個讓你越來越不喜歡的自己，這當中有很多心理上的變化。

這也就是為什麼有的女人會找一個不中用的男人，這樣她就可以一直唸他、罵他，男人越不中用、就越可以凸顯出她的價值與這個男人不能沒有她。這樣的女人不敢去找一個心目中很高級的男人，因為她一定要把對方變得很差勁，如此一來，跟不中用的男人在一起，她才會變得高級。這種情形表示，這個人沒有去面對自卑的自己，也沒有去面對「如果在親密關係中，我是不夠好的」。

建立親密關係是在進行一種權力的鬥爭，其中隱含很多陷阱。在關係中，你是被權力鬥爭的那一個？或你只是想尋找依賴感及安全感？或者你只想讓別人覺得你有一個親密伴侶？你建立親密關係的目的是什麼？這其中有很多不同的目的。

如果沒有離開自己，是看不到自己的

如果把親密關係的過程，當作自我覺察的一扇好窗戶，那麼，親密關係就會開始好玩起來了。究竟親密關係對你而言意味著什麼？在其中你看到什麼？

我想問各位一個問題，一個一輩子都住在台灣的人，跟一個在台灣住了四十年，之後再去德國住五年、日本住五年、北歐住五年，再回到台灣的人，你覺得哪一個人對台灣的認識會比較深刻？很可能是後者，為什麼？因為他曾經跳出原本的視角，從不同的角度看台灣。所以，如果你沒有離開自己，是看不到自己的。通常我們都在自己裡面，怎麼看得到自己呢？

這就是為什麼親密關係讓我們那麼痛苦的原因。當你想要認識台灣，有時候必須離開它，才能看清它。要認識自己，你必須離開自己，再回頭，才能真正看到自己。如果你一直在自己裡面，如何認識自己？你只能是你自己，卻看不到自己。這就好比，你要有一面鏡子才能看到自己，照鏡子表示你跳離自己，從另一個外面的角度看自己。旅行也會是一個好方法，好處是藉由到陌生地方、與一群陌生人互動，離開過去全然的慣性，重新找回你自己。

在親密關係中，有時我們變得有點是自己、有時又不是自己，因為親密關係中一定會有討好，或者心不甘、情不願的地方。這個世界為什麼要有不同的人？不同的人，才能有不同的角度，多一個人就多一種眼光與角度。有時候暫時藉由別人的眼光來看自己，才能認識真正的自己。不過，我們通常不太想從別人的眼光看自己，如果，從他人的眼光看出來的你是糟糕的、差勁的，你願意接受那個觀點嗎？例如，很多壞脾氣的人，你問他的主觀感受，他都會覺得自己脾氣還不錯；很多吝嗇的人，你問他的主觀感受，他也會說自己還滿大方的。

你對於了解「周遭人怎麼看你」的能力強嗎？

我們有多少能力能夠由別人的眼光看自己？又有多少能力知道別人眼中的自己？我談到的是一種能力——一個人有可能白目了一輩子，卻不知道自己是個白目的人。

我有個朋友，我說他是亞斯伯格症，他不承認。他是不是亞斯伯格症並不重要，重點是，我（即周遭人）對他會有這個角度的觀察。所以，有時候我會問個案：「你對於了解周遭人怎麼看你的能力強嗎？」知不知道「別人怎麼看你」這個能力很重要。我並不是說別人眼中的你是對還是錯，而是你對於「別人怎麼看你」這個能力夠不夠強？還是通常你只接受

你眼中的自己、絲毫無法接受別人眼中的你？

當你變得不同了，再回過頭去看自己，角度會一樣嗎？電影《霍元甲》中，霍元甲前後是兩個截然不同的人，剛開始他永遠在跟人家比武，簽生死狀，把別人打下擂台；後來他開始宣揚武道，最後死在擂台上，前後選擇的死法是不同的。當你變成一個不一樣的人，再回頭看過去的自己，才能開始認識自己，看見不一樣的自己。

你有能力經常跳出自己之外看自己嗎？

你有能力經常跳出自己之外看自己嗎？你能否從不熟悉的角度看自己？親密關係就彷彿從一個不熟悉的角度看自己。

我先說一件有趣的事，你習慣做下面這個練習嗎——全然放下心中的主見，聽你周遭的人詳細說他們眼中的你。

你是否做過這件事？各位不要以為這件事很簡單，其實一點都不容易。讓熟識的親人或朋友，滔滔不絕在一個小時內，說出所有他對你的看法，而你一句話都不能說。我開個玩笑，在說完之後，明天還能不能是朋友我都不能確定。

也許對方眼中的你，跟你眼中的自己落差很大。我好奇的是那個落差，誰對誰錯並不重要。我不知道你聽到第幾句話就會開始跳腳，氣得說：「那不是我。」然後就開始急著要解釋了。這就是親密關係為什麼無法好好溝通的原因，第一、我們從來都不會溝通，第二、根本沒有真的準備好要溝通。

學著在這一個小時內，不要打斷、也不要解釋，也許對方真的誤會了，然而，他也有他這麼誤會的道理。但是，我們通常會包裹否決，只要說錯一個，就全然否決，來維護心中對自己的看法。

一個肯定自我價值的人，才能從批評中學習與成長

有時候，我們對自己的認知是很脆弱的。哪種人可以同時接受別人的批評，同時還能在批評中學習、受教？一個能同時部分肯定自我價值的人，才能從別人的批評中學習與成長。一個沒有自我價值的人，聽不進別人任何的批評。

在自我覺察與自我改變時，絕對不是全盤否定自己的價值，以賽斯心法來說，我們都是「掙扎中的小片段體」，很害怕被別人看到缺點、全然否定我們的價值，對於「自己是否被愛和有價值」這件事，是非常恐懼與害怕的，所以，很難同時維持住自己價值，又能夠成長與改變。

人通常很極端，要不全然認為自己是對、要不就全然認為自己是錯，很少同時維持住自我價值，同時自我又可以慢慢調整與修正。人格是個不斷變動的過程，你如何越來越變得跟過去不一樣，又越來越變得是

你自己？這就是賽斯說的「變為」（becoming）。

親密關係是自我覺察、自我照鏡子、自我省思、自我面對、自我調整最好的機會，那麼，我們能從親密關係中學到什麼？以輪迴的角度來說，這輩子當夫妻的、下輩子可能是親子，這輩子是親子的、下輩子可能是伴侶，親密關係會隨著輪迴而換人，不會一直是夫妻或伴侶，一定會輪流做。每個輪迴轉世的過程其目的是什麼？你透過此世的親密關係，看到自己的哪些部分？

我們經常在自己的世界裡一廂情願

如果親密關係是自我成長、自我覺察最偉大的一面鏡子，那麼，你從鏡中看到的自己，有可能是不滿意的。當你想要得到什麼的時候，有沒有考慮過對方可能想要什麼？而你身上是否具備對方要的？創造實相是對的，但得從很多角度考量，才能知己知彼。如果我們一直都在自己的角度裡，能看到自己多少呢？對於親密伴侶看你的角度，你又能接受多少？

我有一位個案，從來沒有談過戀愛，某次跟一位男士展開一段不能有肉體關係的戀愛契約，幾次約會後卻遇到被強暴，她沒有提告，反而讓關係繼續下去。然而，在這段關係中非常痛苦，想放又放不掉，想在一起卻又在關係中不斷糾葛、矛盾、掙扎。

我要先強調，雖然是女方主動簽下戀愛契約，遇到約會強暴，第一件事一定是先提告。然而，從對方的角度來看，會不會女方的抵抗、男方的道歉，都在男方的某一個算計之內？如果他明確知道女方會提告，他就不會做，他一定評估過。我要強調的不是對或錯，而是，我們遭遇到的任何事情，背後一定有其因素。

女生說，事後她接受男方的道歉，因為她相信男方說的話：「我真的不是故意的。」各位一定要記得「人都在自己的世界裡」，但是，不見得都看得到自己，或是，有看到但是不想真的看到。我卻認為這個男生從頭到尾都是故意的，而且是精心設計後的結果，縱使我知道他是故意的，我依然相信人性不是惡的；但是，她必須藉由「相信他不是故意的」，來相信人性是善的。有沒有發現，這兩個信念很不一樣。她所說的人性本善，跟我說的人性本善有很大的不同。一個有力量的人跟一個沒有力量的人，對人性本善的相信是不一樣的。

我們通常不知道親密交往之間，對方是怎麼看這份關係的。包括契約戀愛，有可能你一直以為是甲，別人卻一直以為是乙，你只看到你所看到的，也一直從自己的角度去看別人，可是別人真的是這樣想嗎？那可不一定。也許，這件事情從頭到尾都在對方的意料當中。

為什麼會這樣呢？第一、我們對自己認識不清，第二、我們有多少能力能從別人的角度看自己？是否我們真的很習慣在自己的世界裡一廂情願？

跳出自己的角度之外，就會看到不同的世界

大家一定要經常跳出自己的角度之外。由於我們一直在自己的角度之內，用自己的看法看別人。一旦能從不同的角度看自己與別人，就會看到不同的世界。例如，同樣在這個空間中，我以人類的身分坐在這裡，跟一隻蟑螂在地上爬行，我們看到的世界是完全不同的。不是不能在自己的角度看世界，但是我們要「知道」自己目前處在自己的角度裡，而且要「不

只」在自己的角度裡，才會慢慢解脫。

學習身心靈之後，我們開始學會同理心，但經常還是在我們的世界中，以自己的角度同理對方，從來沒有真的跳離自己，變得從不是自己或對方的角度，來看自己或對方。也就是，根本還沒有醒過來——有可能是不願意醒，或還沒到醒的階段，也有可能是不想醒。

一旦面對實相的時候，就會發現，實戰有時跟理論有很大的差別。學了身心靈之後的你是真正的你？還是跟對方互動、現出真實狀況的你才是真正的你？其實，下場實戰的你，才是真正的你。所以，重要的是，在這些過程中，你有沒有看到，下去那個場子裡面的自己是什麼樣子？

你創造你獨特的實相

一個人的親密關係，一定涉及他整個成長過程。成長過程就是信念養成的過程，讓一個人變成今天擁有這麼多信念的自己。例如上述個案，在她身上發生的事情，可能在其他人身上都不會發生，但就是發生在她身上。發生這種事就有其相對應的氛圍與信念系統，每個不同信念系統的人，就會吸引不同的實相。她在體驗這些過程，這些也都是她創造的實相，最後她必須面對自己真正的感覺。

人人都在自己的世界裡體驗自己的實相，這是每個人獨特的創造。對任何人來說，不管多麼不合理，對創造那個實相的人而言卻都是合理的。永遠要回到這句話：「你創造你的實相。」你是主要創造者，你吸引一個人，你跟他的互動造成你們今天所有的一切，所有你想到的都是你自己的理由，因為那些事情對其他人而言可能都不成立。

例如，一個離不了婚的女人也許會說，先生用暴力威脅她，讓她離不了婚。這件事對她而言成立，對另一個人來說也許就不成立了，一定是她有一個與之相呼應的自己。別人這樣對你，一定是你默許了，他才可以這

樣對你。我們要從所有這些過程中，看到自己是如何形成這些實相，又是怎麼形成今天這個畫面的。這就是我們的功課。

親密關係是力量的對等

以這位個案來說，她的親密關係一開始力量就不對等了。男生可以半強迫她發生性關係，她卻可以無能為力？力量不對等，本來就不是健康的親密關係。親密關係是力量的對等，是我想跟你在一起、而不是我不能沒有你，是我不想離開你、而不是我離不開你，不是你威脅我、所以我離不開你，而是你威脅不了我、可是我想跟你在一起。

力量如果不平等，就毫無親密可言，那是一個扭曲之下的平衡。如果你覺得自己「無能為力」，那麼一剛開始的最高原則就不對了。如果對方有辦法強迫你發生性關係，接下來就不會有好的開始了——你讓他行得通，他就會繼續做下去。

這是人與人之間相處的基本尊重與平等。請問，你會讓自己處於行動是受限於對方的關係中嗎？即便是朋友，你都不會讓自己處於這樣的危險中吧？如此一來，人與人之間的基本尊重與平等就沒有了，更何況是親密關係。這已經是自己有沒有力量的問題了。所以，她在玩一個遊戲，藉由妥協、犧牲、合理化，讓自己沒有力量，以便讓這份關係繼續存在。她必須問自己的是：「為什麼這份關係必須存在？」

溝通不涉及改變對方

為什麼一個人會覺得自己的表達是沒有力量的？你是怎麼讓自己沒有力量的？我說過，在親密關係中一定要看到自己，而不是期待對方改變。

我提醒這位個案：「你說你相信人性本善，而你的相信是，從頭到尾你都想改變他，你發現了嗎？」她存有一個想改變對方的意念。

我問她，「你是否能做到，對方不需要任何改變，而你可以繼續跟對方在一起？對方繼續維持他想要當的那個人，而你可以全然接受這個人？」

她一直期待自己跟對方的溝通，有一天會讓對方改變，她對對方能改變是有信心、並且懷抱著期待的。也許她會成功，不過，我指出的是她的狀況。我說過，溝通不涉及改變對方。如果你從頭到尾只想把對方變成你認可、喜歡的樣子，那麼，你對對方是另一種思想觀念的潛在暴力。

此外，她也喜歡那種被需要的感覺，她把對方逼到暴力、抓狂，逼到會出手，透過這個方式才感受到自己的價值，以一個扭曲的方式，讓自己感覺到自己在對方心目中的重要性——因為每個人都喜歡自己是有價值的。現在大家可以了解，為什麼親密關係常常導致扭曲、矛盾、糾結或結束不了了吧！

她以扭曲的方式來得到自己認為的重要性。對她而言，更想要的是「被在乎的感覺」，以至於對方這樣對她也沒有關係、是可以被合理化的。當一個東西被合理化時，接著一定有更想要的東西。她沒有談戀愛的經驗，沒有這樣跟別人建立關係的經驗，這輩子也沒有被人這麼在乎過，很希望在別人心中有一席之地，想證明自己是被喜歡、被認可、有價值的，所以，用了扭曲的方式來創造這個實相。

出走、再回來重新認識自己

為了保有親密關係而逐漸失落自我，其實並不罕見。有的時候，我們對愛的渴求，會變得寧願要親密關係，而不要自我，這並不奇怪。不過，此時面臨的問題其實是自我價值。

在親密關係中能做自己，不是一件容易的事。也許親密中不可避免地

會有自我的失落，不過，也許就在一次次的失落、又重新得回自己的過程中，認識自己。藉由失去、再得回，那個得回的自己跟過去的自己已經變得不一樣了。就像離開台灣十年再回來，台灣已經不一樣了。

一次次的出走，只是為了一次次的回來，認識更新的自己。在親密關係中失去自我並不稀奇，重點在於其中該如何去平衡自己。當你愛一個人愛得死去活來的時候，你會什麼都不怕、什麼都願意去做，只是這個過程是往正面的方向走、越來越成就自己，還是漸漸變得沒有力量、慢慢被對方控制、越來越有無力感？

從恐慌症看親密關係——生病是無力感中潛意識的下策

有位先生恐慌症十多年了，我跟他的太太說：「當你的先生產生恐慌時，他在釋放一個訊息：『我多麼希望得到你的關心和支持，多麼渴望你對我的呵護。』他透過恐慌來告訴你，他很需要你。」

另外有位太太，有一次突然爆發恐慌症，原因是結婚三十幾年了，先生在婚姻中分別跟其他兩個女人生了三個孩子，要生第四個孩子時，先生終於提出離婚。當她知道先生要跟她離婚，而自己真的會失去先生時，才了解自己在情感上是多麼依賴先生。恐慌爆發後，她第一次拉著先生的手，說：「老公，我真的很需要你。我不能沒有你，不管你跟誰結婚、娶了誰，我都要跟你在一起。」她第一次把自己的身段放低，承認自己內在壓抑很深的情感。

這兩個案例中，我要強調的是，從另一個角度來說，我們從來沒有真正、勇敢地釋放過自己的情感，因為害怕被情感席捲、失去自我。我們都試圖想保護自己的情感，保持自己的獨立性，不想全盤皆輸，害怕失落自己、愛到無法克制的感覺。

在情感上「對自己的承認」非常重要。哪一天，當你不再需要保護你的情感了，才能真正自由。當你不再害怕會受傷，全然去愛，才會得回自己的力量。但是，那個愛不代表失去自我，而是強而有力的愛，這就是我所說的「我愛你，與你何干」的力量。

有時候，對別人的改變充滿無力感，可是自己又沒有力量，最後只好透過生病，拐個彎來讓別人改變。很多人是透過生病，來讓伴侶對他好一點，因為他沒有能力讓伴侶對他好一點。例如，前述這位恐慌症的先生，透過生病讓太太及家人諒解他，因為在家庭中他沒有主導權，很難主導太太、媽媽甚或孩子，所以，生病是無力感最後的結果。但是，透過生病來讓別人對他好一點，能持久嗎？大概不能。生病是潛意識的一種下策。

問題一定有好的解決之道

每個人在親密關係中，都有自己遇到的問題。如果把親密關係當作自我覺察的一面鏡子，那麼，你在親密關係中，看到什麼樣的自己？在親密關係中，要常常藉由離開自己、再得回自己，在迷失的過程中，同時回頭看自己到底創造了什麼，同時在這個過程中學習成長。

賽斯心法中有一個信念：「一定找得到解決之道。」就是在還沒有正式的解決之道時，先相信一定有很好的解決之道。這是所有人面對困難時最重要的信念，不論遇到任何問題，一定要回到這句話。

親密關係永遠是一個學習的過程，沒有對與錯，其背後的關鍵是，不斷去看自己有沒有力量、有沒有自我價值？是否不斷在過程中學習與成長？這也是人生必須面對的功課。

第6章

你在害怕面對哪一個自己？

所謂的親密關係仍舊是一個假象，如何藉由親密關係，回過頭來關照自己，去承認自己的內在，是非常重要的。在親密關係中，你在害怕面對哪一個自己？

你害怕哪一個自己被發現？

在親密關係中，我們都有一個害怕被別人發現的那個自己，甚至連自己都不想面對。

曾經有位男性個案，求診的原因是跟太太的互動有問題。長久以來，他一直拿太太沒辦法，因為太太很直接，可以自由表達情緒、說自己心裡的話，但他卻是比較為太太著想的。表面上看起來，他的問題是拿太太沒辦法，其實是他一直不敢面對內心真正的自己，那個「我能不能成為自私的自己」、「我能不能接受自己是一個不管別人死活的人」的內在自己。

所以，他真正的問題是，不敢成為他心目中不好的自己。

另有一位男性恐慌症個案，他給太太的形象一直是很有擔當、很勇敢、可以捍衛家庭，其實他的內心有一個自己是膽小、害怕、不想擔當的。我鼓勵他跟太太說：「其實你看到的我，不是你以為的樣子。」但是，他擔心說了之後，太太會以為過去的那個他是不夠真實的，或是另一個人，他害怕被她發現那個自己。

在親密關係中，有哪些自己是你害怕去面對的？我們一直想給別人某一種形象，例如，我以前一直想給父母一個「很行、很棒、可以幫他們解決任何問題、什麼都做得到」的兒子形象，可是，那是我真正的自己嗎？不一定。表面上看起來好像是我討好他們，怕他們對我失望，其實，我怕我是一個令自己失望的人。

你現在認識的自己，可能早就不是真實的你了

很多兒童從小就開始人格分裂。有一個小女孩，自從三歲弟弟出生後，大人的注意力就從她身上轉移到弟弟。弟弟很會去要他想要的東西，只要一吵鬧就可以得到，她身為姊姊就比較懂事，會壓抑自己為父母著想。她說她討厭弟弟，可是不能讓媽媽知道，否則就會打她。原來，從這麼小她就必須隱藏對弟弟的討厭，因為媽媽不能接受一個討厭弟弟的姊姊。她說有時候會恨媽媽，但是不能讓媽媽知道，萬一媽媽知道之後不要她，怎麼辦？

我們從小就會怕人家不要我們、不喜歡我們，所以，後來養成的個性可能是建立在這個基礎之上。現在的個性不一定都是先天的，也許是後天的，那麼，後天的個性是怎麼來的呢？從小我們就會想討好別人，怕別人對我們失望，所以把別人不接納的自己隱藏起來，表現出來的人格是經過

篩選的，是大人喜歡的樣子。

你表現出來的你，不見得是真實的你，是經過後天學習的歷程。例如，你現在是個負責任的人，然而，你真的是個負責的人嗎？還是當年為了得到大人的認可，才慢慢變成一個負責的人？一個脾氣好、不喜歡衝突的人，是你原來的個性嗎？還是小時候，你發現師長喜歡的是一個脾氣好、乖順的孩子？因為脾氣壞的自己是不被接納的，所以，我們慢慢變成一個好脾氣、為別人著想的人，但是，這不見得是我們的原始個性。

如果從小爸媽就告訴你，不要跟別人計較，你就變成一個不計較的人，其實不見得是你不愛計較，而是後天培養出來的。上課的時候，你自卑、不敢舉手發表意見，這是原來的你嗎？也許不是，後來為什麼變成這樣呢？因為在學習過程中你發現，愛發表意見會被大人罵，或講錯會被別人笑，就變得不敢了。所以，你現在認識的自己，可能早就不是真實的你了。

這就是為什麼「覺察」這麼重要的原因，因為你以為的自己早就不是真實的你了。膽小的人怕被別人恥笑，才假裝很勇敢；要成為有擔當的人，就要把依賴、沒擔當的自己藏起來。所以，後來培養出來的人格都不是我們真正的人格了。我們試著表現出一個好的自己（good self），並讓一個不好的自己（bad self）隱藏起來。

親密伴侶通常會表現出你隱藏的自己

進入親密關係後，另外那個隱藏的部分常常就被對照出來了。你的親密伴侶通常都會表現出過去你曾經有、後來卻努力不讓自己有的特質，或是後來你努力不讓自己成為的樣子。內在所有不被認可的部分，通常會展現在你的親密關係上，而這是自我內在人格整合非常重要的部分，就可以透過親密關係來覺察。

所以，你為什麼會被你的伴侶吸引也是有理由的，因為某部分對方表現出你隱藏、壓抑的自己。例如，我前面提到的第一位男性個案，他的太太大剌剌、有話直說，那正是他想做而做不到的自己。

有學員問我：「從親密關係可以看到自己隱藏的部分，許醫師說看到就要去面對，那麼，如何進行這個面對與整合的過程呢？」

其實，當我們開始看到的那一瞬間，就開始進入過程了。未整合的部分有時候會透過親密關係、有時候會透過疾病來顯現。

當你不讓別人為你操心，就是在拒絕別人跟你做情感的交流

「努力不讓自己成為大人的負擔」，這句話也常常影響人格的發展。

有位學員說，她的先生經常顧著追求物質，她覺得心靈的部分也要一起提升上來才對，但是，跟先生很多價值觀都不同，互相不以為然，兩個人幾乎連好好交談的機會都沒有，遑論心靈交流？她失望地哭著說：「沒有情感與心靈交流的話，活著幹什麼？」

諮商後才知道，她家中務農，大人很忙、很辛苦，跟兄姊年齡差距也很大，所以，從小她就不讓自己成為別人的負擔，也從不讓大人為她操心，大人只要負責餵飽她就好。我告訴她：「小時候你覺得自己不應該成為大人的負擔，所以，現在你也努力不成為先生的負擔，而先生自然也就會努力不負擔你。」她從小就沒有學會如何健康的依賴，看到大人都在忙的時候，她的防衛機轉是努力讓自己不要成為別人的負擔。

然而，一個努力不讓人操心的人，就是一個很難相處的人，因為你根本不需要別人。問題不在「操不操心」，而在「你不容許自己是個讓別人操心的人」。如果你是個願意讓別人操心的人，自然會吸引很願意為你操心的人。所以，問題仍在自己，不要以先生當藉口，說他都不關心你。你「讓自己成為不被操心的人」是沒有錯的，但是，你覺察到這樣的自己了嗎？努力讓自己成為不被操心的人，其背後是很辛苦、很心酸的，必須有很多的自我疼惜。這麼努力的結果是，大人對你更放心、更剝削你，甚至更不理睬你，因為你不讓人操心。所以，整件事情不是對或不對的問題，而是它造成一個人的內心起了很大的變化。

她責怪先生只追求物質，夫妻間沒有情感支持或心靈交流，這雖然是親密關係的問題，可是，我會這樣說：「對你來說，也許你根本還沒有準備好跟任何一個人進行心靈或更深的情感交流。」她從小是這麼不讓人操心地長大，不讓人操心，就是在拒絕跟別人做情感的交流。一個不讓先生為你操心的人，如何跟先生進行情感的交流呢？

這就像是你把身材包裹得緊緊的，卻又怕別人沒有看出你的曼妙，甚且責怪別人沒有欣賞到你的美好。我告訴她：「你要先學會展露自己的情感及感性。」在親密關係中，要改變的是自己，要對方改變是沒有用的，力量一定得回到自己身上，主動改變。

你跟別人進行情感與思想交流的能力夠嗎？

我問她：「你跟別人進行情感與思想交流的能力夠嗎？」她回答我：「我跟好朋友之間很足夠，我說的話好朋友都聽得懂，好朋友說的話我也懂。可是，先生就是無法懂我，或是覺得我說的不重要。」

說到這裡，她又想以先生為藉口，再把問題放到先生身上了。也許她跟朋友之間，這個能力剛好夠用，可是遇到先生，這個能力就不夠用了。所以，我接著告訴她：「那麼，你就要進一步去加強這個能力，這就是你的挑戰呀！」親密關係常常就是會逼你去發展某個你沒有發展的能力。

她有個部分是害怕自己變成一個令人擔心的人、不容許自己是一個依賴的人，然而，光是「不容許自己是一個依賴的人」其背後就是很大的壓力，因為那一定要抵抗某個東西。我說過，你現在的個性不一定是本來的個性，你可能一直在抵抗一個不能成為或不想成為的自己，所以變成今天這個自己。

你們是如此不同，所以才需要結為伴侶

親密關係就是要面對自己的性格與人格，同時去認識對方的性格跟人格。有時候夫妻三、四十年，你根本不了解對方，也無法看到對方的內心

世界。這就是人為什麼要成為夫妻或伴侶，透過長時間的相處，才會真的開始理解，為什麼這個世界有另外一種性格的人，也才會開始學習透過另外一個人的角度來看這個世界。

通常我們都不了解對方的個性，越親密的人有的時候就越看不清對方。例如，這位學員說她跟先生的價值觀不合，其實，她正透過與一個跟她完全不同的人結為親密伴侶，來了解一個跟她不同世界的人。他們是如此不同，所以才需要結為伴侶。跟你在一起的伴侶可能不見得很了解你，很了解你的人不見得會是你的伴侶，這是很有趣的。在伴侶關係中，終其一生你必須學習從對方的角度看世界，去了解你最不了解的那一類人，這其實是性格的擴展。

靈魂在這個世界有很多分身，是需要整合的。旅遊的時候，通常我們會想去最陌生、最遙遠的國家，那裡跟自己的國家最不同；伴侶也是一樣，個性常常是互補的。我想問各位一個有趣的問題：「你了解別人的能力有多少？你夠了解你伴侶那一類的人嗎？」

有位個案，結婚二十八年後才知道先生是同性戀，而且先生在外面早就有伴侶了。為什麼她會跟一個結婚二十八年的人過生活這麼久，才知道對方是同性戀？而且還是先生受不了，自己說出來的。太太睡在先生身邊二十八年，生了兩個小孩，竟然連覺察到先生是男同性戀的能力都沒有，甚至對他的世界一無所知，性格也相當陌生。我只能說，她對人性太不了解了。

親密關係中如果沒有了解，就沒有真正好的親密關係，如果你根本不了解他，怎麼會相處得好？在伴侶治療中我經常發現，諮商三十分鐘後，我都能比那個跟他生活在一起三十年的人，還要更了解他。

你真的有花心思去了解對方嗎？

有人在婚姻中要的是功能性，例如，他是否能愛我、照顧我、體貼我、在金錢上對我大方？如果婚姻是一個持續不斷了解彼此的過程，那麼，在伴侶關係中，你有持續自我了解並了解對方嗎？如果沒有，到後來兩個人就會越來越陌生，也沒有所謂的功能性了。你要問自己：「我真的有花心思想要去了解對方嗎？」還是你只在乎對方怎麼對你？

包括連對父母也是一樣，你有花過心思去了解他們嗎？還是一直卡在當年父母怎麼對你、讓你受傷、怎樣的重男輕女、造成你的傷害？你有真的想去了解這個人嗎？甚至我要問：「你有真的花過心思了解自己嗎？」如果沒有花心思了解自己及對方，婚姻怎麼可能會經營得好？理論上，你是最了解伴侶的人，然而，你真的了解他嗎？他是否覺得被你瞭解？不過，有些人不見得真的想被了解，因為了解意味著被掌握，他會害怕被掌控。

我發現婚姻有問題的人，問題經常都在於了解對方的能力是弱的。因為他一直卡在自己的受傷及對方的多麼不負責任中，而對方到底是怎樣的人，其實他並不知道，只是一味地看到對方如何造成自己的痛苦；只關心自己怎麼被對待、自己的感受，卻沒有去了解帶給他感受的這個人，為什麼是這樣的人？為什麼這麼做？在親密關係中我們常常是本位主義，根本不知道對方為什麼要這樣做。

唯有瞭解，才能促成改變

為什麼夫妻間不容易了解？因為有太多不認同，太多不以為然。觀念不一定要合，重點是要了解。你了解對方的能力有多少？他為什麼會是這樣的人？他是怎麼變成這樣的人的？我給大家一句話：「了解、了解、再

了解。」

夫妻或伴侶之間常常累積很多情緒，甚至成見，導致根本不願意了解對方。你可能會說：「他就是愛喝酒、愛賭博，這就是不對的行為，有什麼好了解的。」但是，當然要去了解，唯有了解對方，才能促成改變，批判或評斷他的對錯，無法促成行為的改變；一個錯誤的行為需要「被了解」，才有可能促成改變。伴侶中很少有了解的成分，大都是先指責或不高興，然後就變成指責，指責之後就變成不說或避著對方偷偷做，從來沒有真正的了解。

了解是永無止境、不斷深入的過程

所謂了解一個人，是像剝洋蔥一樣，一層一層往內剝進去；了解是永無止境的，不是靜態的，而是不斷深入的過程。然而，往往越是親密伴侶，就越會忽略了解的重要性。

你們要慢慢學習有能力一步一步去透析、了解一個人的內心。這個部分是要訓練的，而且每個人都要學習，當你開始有了解一個人的能力，就會對很多行為都不覺得奇怪。很多人對於伴侶為什麼要這樣做或那樣做，覺得很奇怪，那是因為並沒有真正理解伴侶的內心世界。如果你了解一個人的內心，就不會覺得奇怪了，因為每個人的言行、情緒，都跟內在很多想法是吻合的。你越能理解一個人的起心動念，甚至對人的行為可以找到其相對應的內心世界，就會開始覺得沒有什麼好奇怪的，這個世界上每個人的行為都不奇怪。

你能了解伴侶為什麼做某個行為或動作嗎？現在，我教各位了解的技巧。我總是會好奇：「他為什麼要做？為什麼要去？他的心裡在想什麼？」

當你學會精神分析，就具備了透視內心的能力，會學著每件事都去分析。所以，一定要先把世俗的是非對錯都拿掉，拿掉所有批判，去瞭解、剖析人性，從人性的角度去理解其行為背後的原因跟理由。從對方的那個角度去看，也許他並沒有錯。

一般人都停留在表面的批判和是非對錯，但是，我希望將大家帶到一個境界：「當你看到一個人的表面行為，就可以透析他的內心世界。」很多行為是建立在對人性很深層的了解上，如果能透析一個人的內心世界，就可以知其然、知其所以不然，對這個世界有一種了然於心的感覺。當你開始去了解人性，對人性產生更深入的認識，就會對每個行為都知道其理由、覺得不足為奇，然後漸漸對人性清楚明白，有深層的理解，如此一來，伴侶關係就會變得更不一樣。

例如，有些女人會覺得：「奇怪了，我那麼好，為什麼沒有男人喜歡我？」我會這麼說，就是因為你這麼好，所以每個男人都覺得自己不夠好。你越好、就越讓男人覺得他很糟，你越優秀、就越讓他覺得自己配不上你；如果你一直獨立堅強，男人就會覺得跟你在一起，沒有被需要的價值。有些人看起來好像不是那麼好，可是他讓每個跟他在一起的人，都覺得自己很好、很有用。我希望大家能真正開始對人性透析，從人性去了解伴侶，會獲得完全不一樣的畫面。

人是遊戲者、創造者，沒有人是受害者

有位個案說，她從小就是個要不到東西的人，還沒結婚的時候一直在幫娘家解決問題，結婚後要負擔先生跟他前妻的小孩，不斷在幫別人解決問題，挑戰不可能的任務。直到有一天才發現自己好累，覺得為什麼別人都可以過得這麼輕鬆，而自己卻不行？如果有機會，她一定要選擇不一樣的家庭。

當一個人在描述她的生活的時候，你的腦袋要立刻問一個問題：「她

為什麼要吸引這些經驗？她創造、選擇這麼多人生經驗的目的是什麼？她為什麼要投胎在這個家庭？想發展什麼能力？想還什麼債？」我一直提醒大家，人不是他的生命或發生事件的受害者，而是遊戲者、創造者，這個世界沒有人是受害者。不管表面上是什麼樣子，那全都只是表面，是你自己選擇來投胎的。一定要從這個角度，才能找到心靈的力量。

如果她對於自己「為什麼做這個選擇」還沒有真的明白，再重來一次，她還是會選擇一樣的，這就是為什麼生命會重複同樣模式的原因。除非對原來的模式真的了然於心、真正理解了，甚至有一種很深的感動，才有可能脫離原來的模式，否則那都是自我意識在說話，若再有機會，一定會選擇一模一樣的。

你看到自己的主觀了嗎？

每個人都有自己對人的看法，都在自己的角度裡，所以，在親密關係中，幾乎脫離不了自己的角度。然而，我一再提醒大家，你是否有能力能跳脫自己的角度來看事情？你看一件事情可以有多少的角度？我們常常都被自己的角度蒙蔽了。

我們的角度經常就是蒙蔽自己的最大問題。當你有一個信念，其實就是排除了其他的信念；如果你覺得一個人不好，就不會看到他的好。假設這裡有一個杯子，然而，這裡有幾個感知者，就有幾個杯子，沒有兩個人看到同一個杯子。事實上，你看到的杯子真的是不同的杯子，是物理結構、原子分子都不同的杯子，不是角度不同，而根本就是不同的杯子。

所以，你眼中看到的任何人，都是你眼中的他，一定跟別人眼中的他不一樣。這個世界的現象都是主觀的，問題是，你看到了自己的主觀了嗎？這才是重點。你會不會真的都掉在某一個自己的角度裡？這就是為什麼我一直強調，你有沒有能力跳脫自己的角度，從別的角度看事情、看你的伴侶。

很多人剛開始接觸我的時候，都快要瘋掉了，因為我早上講的跟晚上講的完全不一樣。為什麼？事情本來就要從完全不同的角度去看。

例如，有位學員每次跟先生要錢的時候，先生都心不甘、情不願地給，但是先生拿錢去投資的時候，不管多少錢連眼睛都不眨一下，她就覺得很生氣、不能平衡，好像從先生那裡永遠都要不到什麼東西。我告訴她：「如果在先生的心目中，你是比他強的，他會覺得你本來就比他多，根本不需要他的錢，那他為什麼要給你錢呢？」他會覺得你只是在吵，這是你的一種計謀，你在跟他玩諜對諜的遊戲，互相防範對方、不信任對方。

所謂覺察，就是用不同的角度去看一份關係。我引發她去覺察，讓她去想，他們夫妻彼此是不是在互相防範、是否沒有真的信任對方，而一直在用技巧、方法、心機、表面說法對待彼此？

透析人性，才能進入神性與佛性

人性的本質也許不複雜，但是我們習慣把它弄得很複雜，這個世界沒有什麼是不能理解的，只是我們通常少了理解的角度與能力。每個行為的背後一定有很深的理由，每個人的人性就是有分上下裡外，本來就在衝突、矛盾中，一點都不足為奇。但是，我們要更深的去理解人性複雜的變化。

如果對人性只有單一角度，就看不到人性很多的互補、矛盾、補償與衝突，好比我們經常會愛一個人、同時又恨一個人，想離開一個人、同時又不想離開。唯有開始從不同的角度去認識人性，才能開始解脫；每件事情都有其完美的解釋，絕對沒有不是的道理。

一直用同一個角度看對方，到後來只會看到你想看到的對方，你並沒有變換角度。這就是為什麼有些夫妻在離婚後，才開始真正了解對方，變成能夠談心的好朋友，有時候經過滄海桑田，關係變化後，從不同的角度，才會看到不同的人。你們要學會如何在內心變換視角，有時候，你可以假設自己是諮商師、心靈輔導員或心園丁，當你看伴侶的時候，去思考還有哪些是過去沒有看到的不同角度。

人性就是永遠不斷在矛盾與衝突。例如，一位男同性戀者為什麼會步入異性婚姻？在他結婚的時候，也許想過婚後也許就可以變成異性戀，但

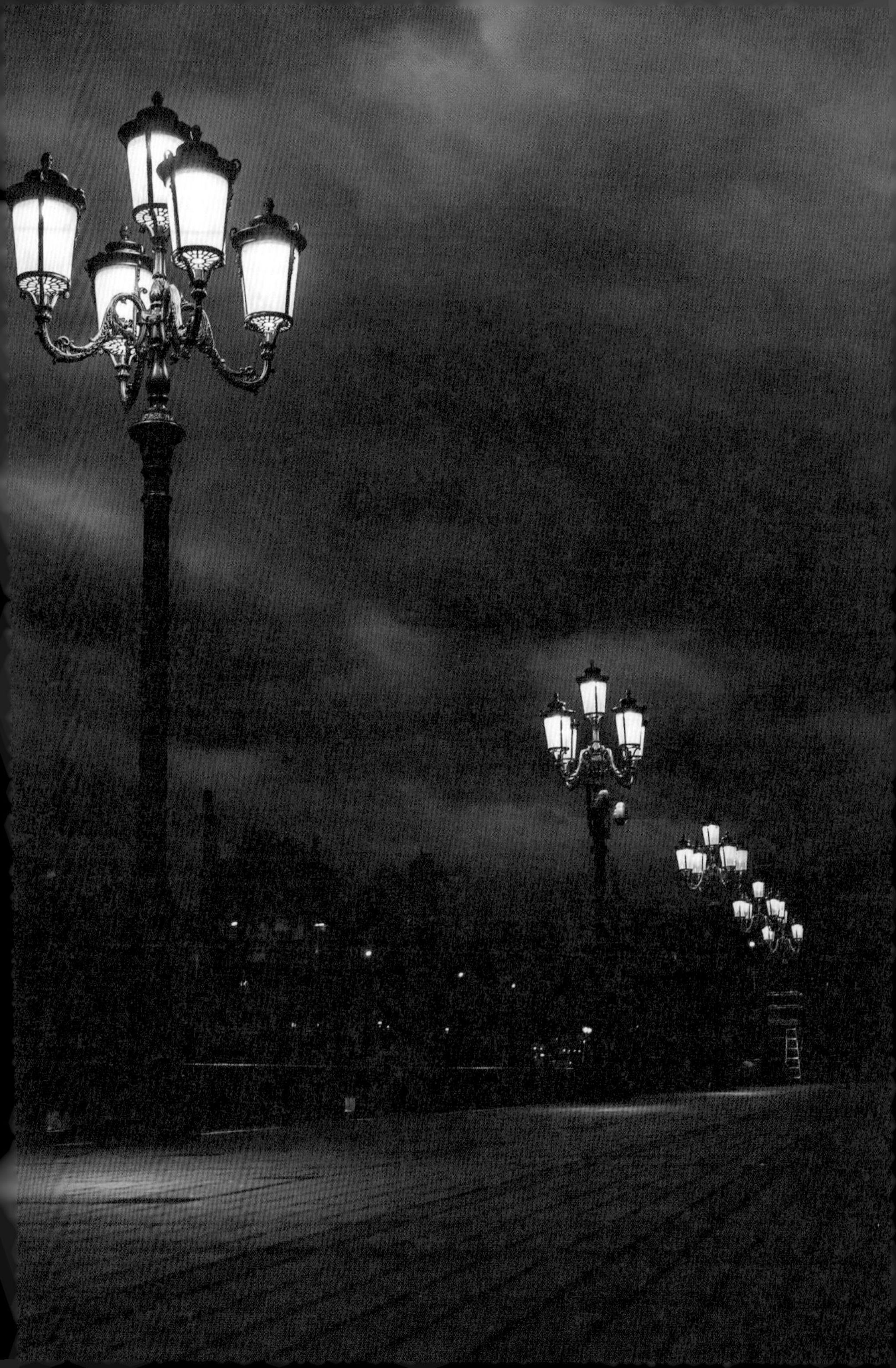

是過了二十年後發現受不了，還是對男人有慾望，甚至壓抑到快生病了，所以去找同性戀愛。這時候，結婚已經二十年了，人也五十多歲，心想再不出櫃來不及，可是心裡覺得受不了的時候，同時又覺得對不起太太。這就是人性的矛盾，不要只從單一角度看事情。

為什麼我會是個好的治療師？因為我永遠在所有的矛盾中，看到甲想到乙，看到乙可以想到丙。表面上一個人愛你，就一定有恨你的地方；表面上同意你，就一定有不認同的地方。可是，大家常常都只看到單一面向；人性沒有那麼簡單，非常複雜。

人性永遠在平衡中，絕對沒有單獨的人性。很多身心靈的學習都把人性看得很簡單，要不就是過於單純、要不就是對人性失望。賽斯心法的身心靈學習是要對人性下很深的功夫，透析所有的人性，最後才能進到神性與佛性。

了解人性的運作，找回自己內在的力量

人性真的非常複雜，就連我們自己都很複雜。我們過去常常從單一角度看自己、看別人、看這個世界，其實不對。看懂了，不是要同流合汙，而是看懂了，才能清楚明白。了解在所有人性的複雜中，如何看懂這個世界的遊戲規則，才能找到自己的力量；而不是在完全不懂的情況下，怎麼死的都不知道。

所以，我要提升大家對人性各個層面更深入的理解。當你越來越理解了，就可以慢慢了解人性的運作，了解之後才能不讓自己痛苦，找到自己內在的力量，也看懂對方的種種行為。

希望透過這些理解，大家都能慢慢去理解這個世界、每個人、每個現象。在更深的自我覺察中，從更多不同的角度去看你的伴侶。

第7章

不安全感及害怕被遺棄的自己

這一章，我要探討在親密關係中的不安全感，以及害怕被遺棄的自己。這個部分的自己如果沒有好好被面對，就會變成我們心中的心魔，而在人生某些重要的階段，把我們引導到負面的方向。

自我分化不足——無法與人建立真正的親密

親密關係中，常常會出現幼稚與不成熟的人格，要不就是想要控制對方、怕失去對方，要不就是死皮賴臉、賴著對方。

講到親密關係的不安全感，就要提到「分化」。所謂分化的概念是，例如，我媽媽跟隔壁的媽媽吵架，就不准我們小孩子去隔壁家玩，這就是分化、不成熟。雖然很幼稚，不過事實上這種人還真不少。再舉個例子，主管叫你做事，你不想做，而主管叫你的另一個好同事做，你就跟同事說：「你也不能做，不然我們就不是好同事。」

這是人的不安全感。在親密關係中，人有的時候想獨占，又害怕被取代、被遺棄。我一直強調，一定要回來面對自己的內心世界，因為自我意識跟外面的物質世界打交道，每天在行住坐臥、柴米油鹽醬醋茶之間，忙著應付生活、上下班、買菜、做家事、賺錢、應酬、接訂單，卻經常忘記回來面對自己的內心。

在人格疾患（Personality Disorders）中，有一種是邊緣性人格，這種性格的人，要不就跟你很好、什麼都好，要不就跟你翻臉、做不成朋友，這樣的人情緒起伏不定，好的時候跟你甜如蜜，不好的時候就不跟你說話。邊緣性人格的特色是，無法跟人建立真正的親密。何謂「跟人建立真正的親密」？就是當我真的跟你很好的時候，不代表我不能拒絕你；我容許在親密關係中，你可以是你、我可以是我，我們都可以有自己的意見。

邊緣性人格的人，可以在短時間交到一個好朋友，跟人很好，可是無法長期維持好的人際關係；你只能說他好，不能說他不好。這都是來自內在的不安全感，擔心別人不喜歡自己，害怕自己被取代、被遺棄。他跟人的關係只能到某一個程度，如果再深入下去，要說實話了，他就不想聽，會覺得你在傷害他。關係一旦破裂就當不成朋友，好的時候很好，完全看不到壞的部分，這屬於幼稚不成熟的人格。其實基本上，每個人或多或少都有這個部分，只是程度上的不同。

這個部分如果不處理，會反覆出現在我們的關係中，不斷變成破壞性的因子，直到某個生命的階段，就會產生作用，讓關係無法繼續下去，甚至會毀掉原本已經擁有的東西。

大聲說出那句話，就能改變它

有些人每每在快要成功時就失敗，或是每次關係要進一步了，就忽然發生某些事而結束關係。為什麼？因為他的內在有一個很大的缺陷，但是沒有去面對他的內心世界。所以，我要不厭其煩地跟大家說，一定要很真實面對自己的內心世界，這也是賽斯心法與其他修行法門最大不同之處。

有位學員說，她有一個多疑的自己，總是害怕被背叛，怕先生嫌棄她，也很怕辛苦建立的家會破碎。常常要去維護這個家的完整，不想要那個預設的結果出來。因為她的爸爸有外遇，媽媽長期邊哭邊對她訴苦，她很心疼媽媽，也站在媽媽的角度看男人，覺得男人都是不可靠的。潛意識便害怕自己會被先生背叛，總想要預防被背叛，所以對先生緊迫盯人。

我想問大家一句話：「你會去預防一個你根本不相信的東西嗎？」如果你會強力預防，表示你相信——相信是一個信念，信念會創造實相。你在預防什麼，就是你相信什麼。

究竟是爸爸外遇對她的傷害比較大？還是媽媽以一個受害者的姿態，長期對她哭訴，對她的傷害大？看起來好像是怪爸爸，其實問題在媽媽。

媽媽長期的負面情緒，才是造成她受傷的原因。

有的時候，人內在會有一個情感的黑洞，就是害怕被遺棄。當你害怕被遺棄的時候，不論對方再怎麼保證不會放棄你都沒用，你就是相信你會被遺棄，直至最後對方終於受不了，遺棄你了，你就會說：「你看，果然我是會被遺棄的。」你果然驗證了你所相信的。

所以，我要這位學員大聲說出「終究所有的人都會不要我」這句話。她必須說出來，要她說的意思就是要她去面對。你也許會覺得我很殘忍，但是，我不叫她說，我更殘忍。如果不說出來，怎麼面對這個信念、怎麼面對自己呢？如果連說都不敢說，連面對都不敢面對，怎麼改變它？

改變信念首先一定要面對這個信念，面對就是終於敢說出來了。原來她的內心相信「終究所有人都會不要我」，一旦敢面對這個信念，就有力量了。她終究必須看著她的信念，指著它說：「我終於把你指認出來，所以我不怕你了。」才會開始不怕它。所以，改變信念首先就是面對它，大聲說出那句話，就能夠改變它。

它可能是一個過去的經驗，也許是你的經驗、也許是別人的經驗，但這一定是一個情感上的感受，更是一個信念。有時候我們的內心深深相信：「終究我是不被喜歡的，終究我會被遺棄。如果不夠好，我就會被取代、被遺棄。」尤其是小時候，在情感的經驗上是有創傷的，例如，父母離婚、死亡、外遇、被認養，或家庭不健全，常常會導致「最後所有人都會遺棄我」的信念。

很多人常問：「承認了又怎樣？」承認是一個過程，願意真實面對自己的內心世界。承認才能面對，面對才能改變。

唯一的「方法」是下定決心不再逃避

有的人聽到要面對，就會覺得很痛，很難去面對。尤其，也許已經長期自己一個人承受這種情緒的感覺，也沒有朋友可以協助，什麼都要靠自己。在面對深深的黑洞過程中，深層的恐懼來時，每天都在害怕，怕一個人孤老，怕連爸媽都要遺棄自己，甚至怕死。

這其實是一個防衛機轉，因為還不想真正的面對。防衛機轉原本是要保護我們，可是，我們的防衛機轉常常使用過度。就像肉裡有一根刺，人家要幫你拔，你卻一直說：「不要，我怕痛。」這就是面對得不夠——我說的「願意面對」，就是這個意思，要願意痛。例如，蛀到神經的爛牙，你可以因為怕痛而不拔嗎？也有人這樣，但是，不拔就會繼續更痛。想到要拔牙很痛，就一直不拔，寧願漸漸痛，這就是防衛機轉。

你願不願意真正面對內心的黑洞？這其實是一個決定，決定「要」或「不要」。就像蛀牙爛了要不要拔？當然可以選擇不拔，一直拖著。

為什麼有人會說找不到方法，或一直問方法是什麼？其實，沒有方法，唯一的方法是不逃避，去面對它。我們內心經常在逃避面對，然後去找很多方法，就像蛀牙不去拔牙，反而一直找很多方法止痛，其實把牙拔掉就沒事了。所以，唯一的「方法」是下定決心不再逃避。

承認的目的是為了取得強大的力量

為什麼會「害怕別人離開我」？彷彿別人離開我，就表示我是不夠好的，所以，是沒有真的面對「我是不夠好的」這個部分。看起來是「害怕別人離開我」，其實是「沒有真正面對擔心不夠好的那個自己」。你擔心哪個自己不夠好？那個自己給你什麼樣的感覺？你面對與超越了嗎？

別人離開你，一定是你不夠好嗎？會不會是因為你太好了，別人覺得跟不上，所以離開你？那麼，「我可以不夠好嗎？」

「我可以不夠好」的關鍵在「我」。有一個強而有力的「我」，這個「我」強大到可以不夠好而沒有關係。我所說的「可以不夠好」，指的不是要你每天都不夠好，而是你已經強大到可以接受你是不夠好的。

我們的自我經常既自大又脆弱，既驕傲又自卑，想表現得很好又怕自己不夠好，從來沒有建立過真正的安全感。自我建立真正的安全感，絕對不是從外在，而是來自內心，來自「我可以是不夠好的，沒關係，我可以一笑置之，而我仍然覺得我是被愛的」。

例如，一個老公今晚沒回家睡覺，老婆可能連問都不敢問，因為萬一問了，他真的跟某個女人過夜怎麼辦？她很怕問了就會離婚、就要失去

先生，對於自己「沒有先生而可以過得很好」這件事沒有信心。有些太太連查先生的手機都不敢，是因為她害怕發現真相怎麼辦？所以，問題不在於敢不敢查，而在於她的「我」承擔得起嗎？這個「我」是如此恐懼又害怕，又沒有被面對，是虛弱而沒有力量的。

如何讓自我強而有力、有安全感又有彈性，是我們在學習的目標。唯有一個強而有力又有安全感的自我，才能夠去面對內外的挑戰。

對於自我的脆弱、無助，及害怕被遺棄，我們經常都假裝沒事，不去面對。然而，承認才能強大，強大才能整合能量。面對恐懼與不夠好，承認了一點，就可以去掉一個恐懼，去掉一個恐懼，就拿回了一分力量，自我就會變得越來越強大有力。承認的目的是為了取得強大的力量，當我們越來越有力量，就可以面對很多挑戰，便又往前一步了。

感覺自己被了解、被支持、被滋養，不會被拋棄

有位乳癌第二次復發的個案，來到我的門診，問我：「如何把內心的情感面挖掘出來？」她參加過很多課程及工作坊，每每探討情感面時，老師都鼓勵她要釋放情緒，可她就是哭不出來。

我問她的婚姻狀況如何？她說，先生是她在世界上最親密的人。兩個人分隔兩地，一年只見一、兩次面，不過誰都不會想提離婚，也不會對對方有所猜疑。自己的生活沒有什麼壓力，卻莫名其妙得到乳癌。

我接著問：「先生是你在世上最親密的人，那麼，你們之間有多親密呢？彼此之間能聊到的話題有多少？能感覺到先生很支持你？或者感覺到先生很了解你嗎？」她回答我：「並沒有。」

她的親密關係碰到瓶頸了，所以活不下去。她的乳癌只是障眼法，是對親密關係的絕望。一個全世界跟她最親的人，卻跟她如此遙遠，她怎

麼活下去？其實她一直沒有面對這一點。我常說一句很直白的話：「你不面對內心，就得面對癌症。」一旦面對，癌症就會消失。癌症是外在的東西，內心世界是自己內在的東西；面對癌症容易，還是內心容易？其實，面對癌症比較容易。就像是，面對「都是先生對不起我」容易，還是面對「自己」容易？面對「八字不合」容易，還是面對「檢討自己的個性」容易？

所以，她要面對的是親密關係中的瓶頸，在其中有沒有感覺到被支持、被愛、被了解，以及跟這個世界的親密感。通常我們跟這個世界的親密關係，會展現在我們的親密伴侶上。你覺得這個世界跟你親密嗎？還是你不斷遭遇跟這個世界、跟親密關係的瓶頸，而感覺到孤單、寂寞？那個孤單寂寞有沒有被面對？還是你總是自我說服、自我欺騙，告訴自己「一切都很好，沒有什麼問題」？

她跟先生看起來像夫妻，其實根本就是空殼子。她沒有提離婚，是因為沒有自我面對，所以不敢。婚姻是她僅剩的、食之無味棄之可惜的關係。為什麼她得乳癌，幾年後又復發？就是因為她從來沒有真正面對親密關係及婚姻的問題，已經孤單寂寞到不知道怎麼活下去了。

婚姻是她最後僅有的關係，失去就什麼都沒有了。但這是信念，不是事實。如果慢慢拆解這個婚姻，可以發現，這個婚姻沒有什麼大問題，彼此也沒有誰外遇，好像存在又好像不存在。她害怕失去愛，前也不得、退也不是，卡在這裡，無路可走。

因此，我建議她回到親密關係。所謂親密關係的定義是：「感覺自己被了解、被支持、被滋養，而且不會被拋棄。」你並不會因為不夠好，就被拋棄。很多人都說「我跟伴侶很親密」，這大部分是因為，你從來沒有得罪或反駁過對方，當然親密。這是一種以犧牲自我的方式來保有親密，並不是真正的親密。去探索你跟這個世界、跟伴侶的親密關係，你的主觀感受是否有感覺到安全感、被瞭解、被支持？這才是真正的親密感。

● 「我」與「我們」

我曾說過，很多乳癌患者的個性就是，當「我」進入「我們」時，「我」就會用「我們」來取代「我」，而沒有了「我」。

我在《絕處逢生》寫到：「乳癌的病人都會是好媽媽、好太太、好女兒，為所有人付出，卻不愛自己。」她根本沒有「我」，怎麼愛呢？很多人在學習如何愛自己，然而，沒有的東西怎麼愛？很多乳癌患者只要在關係中，就沒有「我」，可是又很不平衡，於是在親密關係中，不但變成只剩「我們」，而且還成為「我們」的受害者。她很害怕在「我們」裡面如果凸顯了「我」，關係就會破裂，而沒有親密可言。這是乳癌的關鍵問題。藉由犧牲「我」而換得親密，看起來好像沒有自我，其實自我又變得很膨脹。一個無我的人，自我越膨脹。

另一方面，有些人是一直維持想要擁有「我」，而進入不了「我

們」。為了要維持著「我」，就不要「我們」，寧願不要有親密關係。這種人無法形成「我們」，連建立「我們」的能力都有問題，一直自我中心，就很難跟人當朋友，無法跟人親密。所以良好的親密關係中，「我」可以在「我們」裡面，「我」又能是「我」，兩者必須並存，這才是真正健康的關係。

前述這位乳癌個案，跟父母形成「我們」時，在扮演父母眼中的她；跟先生形成婚姻中的「我們」時，在扮演先生眼中的她。她眼中的自己呢？不見了。她害怕一旦有了自己，親密關係就會消失。然而，真正親密關係的建立是，我扮演我眼中的自己，同時又能跟你親密，而不是藉由扮演你眼中的我，來跟你發展親密關係。她的「我」沒有出來，這也就是為什麼她不敢離婚的原因；一旦離婚，就要面對「我」，她其實是深深地害怕面對自己一個人。

整合了內在，外在的創造力會更強

有一位太太，先生得到末期癌症，而來到我的門診。我跟她探討他們的親密關係，發現在夫妻關係中，她是比較掌控的那一個，比較能夠做「我」，先生則是比較沒有「我」的那一個。然而，她說她很喜歡跟人比較，比美貌、比財富、比小孩、比先生，什麼都愛比，甚至想改造先生，希望他變得體面，只跟成功人士來往，告別以前那些不體面的過去及朋友。

我告訴她，賽斯心法不會去批判愛比較，但重點是，你為什麼會去比較？你在比較什麼？要去看到那個內在，為什麼需要比較？這樣是快樂還是不快樂？以心理治療來說，我會鼓勵她繼續往前，等哪天她得到想追求的東西了，再回來看自己，觀照自己的內心，問自己，那真是自己要的嗎？當你還沒有到達自己要追求的那個階段，其實是不會滿足的，內心會有一個黑洞。等到滿足了，再回來看看，也許有一天成功了，那個黑洞卻越來越大。

也許她想用物質來填補內在的自卑與不夠好，想證明自己來自窮困的家庭，但是並沒有比別人差。她沒有真的去承認、面對並擁抱自己的自卑，只是想要去反轉自卑。我小的時候也曾經看不起自己的父母，覺得他們讓我很自卑，後來有一天，當我回來接受並擁抱了他們，覺得他們是我生命的一部分，才整合了自己。

這位太太做了很多努力，是想擺脫那個自卑，不要自己是個軟弱、沒有用、被看不起的人。但是，究竟你是因為自卑而被人看不起，還是因為自卑而「覺得」自己被人看不起？其實是你不接受不夠好、自卑的自己。

這就是自我意識的迷失，一直想用外在的東西來填補自己，而且把自己覺得不夠好的部分排除掉，這不是對或錯的問題，而是，最後你會不快樂。一個人不是不能繼續追求成功，而是不能以外在世界為主。當你整合

了內在，外在的創造力會更強。自卑就是你的一部分，要一而再、再而三地去面對它，勇敢說出它，其實它是會讓你加分的。

不想被發現自己不夠好，就會想要補償，可是通常越補償只會越證明自己是自卑的。如果你想要克服自卑，那麼唯一的方式是去接受它，而不是補償。越努力想要證明自己不自卑，其實只是越加重你的自卑；要接受你的自卑，才會真的變完整。

這就是為什麼有些人越成功，卻越覺得那個洞永遠都填不滿。你需要每天跟朋友證明你不是外星人嗎？為什麼不需要證明你不是外星人？因為你本來就不是。你為什麼要證明自己夠好？因為覺得自己不夠好。越證明就表示你的內心越相信自己是不夠好的，你所做的一切努力只是越證明了內在自卑的自己。所以，現在你們知道為什麼那個黑洞越填越大洞，怎麼填都填不滿了吧！越想證明自己很棒卻越空虛，直到千山萬水，有一天回過頭來才發現，原來你沒有真正接受自己。

命運更大的慈悲是讓你面對自己

為什麼常常有人會說，被命運捉弄，辛苦一輩子，到最後卻什麼都沒有？這是因為，有更多內在的負面信念沒被面對，越想證明卻越辛苦。命運更大的慈悲是，藉由剝奪你的一切，最後讓你回去面對你的一切，接納你自己。所有的物質都是幻相，唯有回來面對真實的自己。

在身心靈的團體中，常常有人分享：「我以前很自卑，現在不自卑了。」這句話是完全不成立的，這是用對抗的方式，也是防衛機轉。這只是外在自我意識好像有些外在成就了，彷彿以為自己不自卑了，可是，如果將那些外在成就都拿掉的話，會怎麼樣呢？「我以前很自卑，我現在接納了我的自卑。」這句話才是健康的。所以，關鍵不在於有沒有自卑，而在於面對了多少。自卑不是用來克服的，是用來接納的。這就是所謂的如實面對。

有一位個案，在婚姻中受盡曲折，先生長期賭博、欠錢、外遇，最後受不了而離婚，其實真正的原因是，她在婚姻裡無法有「我」，離婚後，才再把「我」拿回來，所以，問題在她自己身上，是她無法繼續忍受在「我們」裡面沒有「我」。先生的賭博只是她用來離婚的藉口，都是外在的理由，主要是她的內在有一個部分想得回「我」。

如果我們不了解自己的內心，就不會知道外在其實是有很多花樣的。很多花樣是因為我們沒有面對內心，一旦面對內心了，就會知道那些都只是外在的把戲，就連得癌症也是一種內心在玩的外在把戲。

所以，我們經常都是被自己的心魔牽著走，而不是建立在對實相智慧的判斷。心魔簡單來說，就是從小到大沒有去面對的負面思想，例如自卑、害怕被拋棄或被取代、覺得自己不值得或不夠好等等，它會自動帶你走向比較悲慘的道路。

人最後都是被自己的內心所決定，如果內心有一個黑洞或是沒有處理的心魔，它常常會在你人生的關鍵時刻，把你帶往負面的方向，而決定了你的命運與可能性。所以，我一再重申，一定要回來看自己的心魔。面對心魔，人生的可能性就改變了。

第8章

從輪迴轉世看伴侶關係

以賽斯心法來說，時間是同時存在的，所有的輪迴轉世也都同時存在，理論上來說，我們這一世，從全我的角度而言，是所有轉世中的一個片段。不但如此，每一次的輪迴轉世都有其獨特的挑戰、目的、意義或理由，不過，我們不見得會在這一世找到全部的答案。

假設你現在有伴侶，或者沒有伴侶也好，都跟輪迴轉世有關，那麼，我們如何在這一世的伴侶關係中，去體會所謂多重次元的本質呢？

百年修得同船渡，千年修得共枕眠

我先以魯柏與約瑟為例，試著從輪迴轉世來解釋伴侶關係。

魯柏與約瑟至少有五、六個以上的前世，其中一世是在西元元年左右，那時的約瑟叫做尼賓，是一個很有學問、專門教羅馬有錢人的教授。他有一個學生，就是後來寫《天地一沙鷗》的作者理查．巴哈，所以，理查．巴哈其實是兩千年前尼賓的學生。後來，當賽斯出版《靈魂永生》時，理查．巴哈也剛好出版了《天地一沙鷗》，而且在全世界各地大紅特紅；當時理查．巴哈在巡迴宣傳他的書時，也順便推廣賽斯心法，其中有個部分就是為了報恩——向兩千年前他的老師尼賓報恩。

兩千年前魯柏是一位非常漂亮、會跳舞的異教徒，非常看不起長得不漂亮、肉體不美麗的人，九歲就當了尼賓的情婦，維持長達十幾年的地下情。他們那一世沒有結婚，尼賓莫名其妙被她吸引，為她著迷，卻覺得她是邪惡的，深深視他們的關係為不健康且不正常。後來，約瑟協助魯柏把所有賽斯資料寫成文字，其中有一部分原因是，這一世他終於願意相信魯柏了。因為那一世他是個固執的老學究，認為人的本性是邪惡的，這一世為了補償過去他對魯柏的看不起及對她邪惡本質的不信任，所以，選擇協助魯柏把賽斯資料流傳下來。

有趣的是，是約瑟裡面的尼賓，認出了魯柏所傳賽斯資料所具有的真理特質。尼賓以前也是追求真理的，只不過那時他追求的是典籍上傳統而保守的真理，而這一世認出魯柏所傳的賽斯資料是真理，所以也激起了他想要去鑽研的決心。因此，我們可以看到約瑟在為賽斯書作註釋時，很像個老學者，其實那大部分是尼賓的功勞。

另外有一世是在十三、四世紀，那時魯柏是一個非常天真、有著黑黑的皮膚和白白的牙齒、殺人如麻的暴君，是鄂圖曼帝國的第二把交椅，幾乎統治整個鄂圖曼帝國，為了他的國家主義，殺人無數。那一世約瑟是他忠誠的追隨者，也是得力的部屬。他們曾經有非常好的合作關係，就像這一世魯柏傳賽斯書、約瑟幫他記錄一樣，在工作上合作無間。

還有一世是在十七世紀，約瑟是個非常好色的流浪畫家，曾住在一個地主的家裡幫他們畫全家福，騙吃騙喝，終於把地主的女兒騙上床，後來娶了她，也成為地主。魯柏那一世是約瑟的兒子，兩人是父子關係。

魯柏與約瑟從兩千年前的情侶，有一段不倫戀，到十三、四世紀是部屬與追隨者的關係，十七世紀的父子關係，到這一世是夫妻。有句話「百年修得同船渡，千年修得共枕眠」，其實這一世會結為家人或親密伴侶，幾乎都有前世的關聯。所以，理解前世的關聯，對於認識這一世的親密伴侶，其實是有幫助的。

伴侶關係一定蘊含著此世靈魂的功課與挑戰

再者，每一世都有其靈魂獨特的功課與挑戰。主要從幾個方向來達成，第一是家庭，你跟家人之間一定有靈魂的功課與挑戰，所以，找出這一世為什麼你會投胎到這個家？為什麼你面對這樣的父母、兄弟姊妹？第二，找出你這一世為什麼會遇到這個伴侶？你跟伴侶之間為什麼會有這樣的人生故事？為什麼你在伴侶關係中受這麼多苦、這麼煩惱？到底有什麼樣的因緣與奧祕？這些一定都有靈魂上的理由與解釋。

然而，自我意識不一定知道。你現在所有的伴侶關係，一定都有個圓滿的理由與解釋，但是這一世不一定找得到。那麼，找的關鍵是什麼？又如何去找呢？就從這一世的伴侶關係中，看它似乎在引導你面對什麼開始。你跟伴侶之間所進行的功課到底是什麼？每個人與伴侶的關係都不一樣，一定蘊含著你這一世最重要的功課與挑戰。

因此，我要將討論拉高到整個靈魂生命藍圖的層面。我所謂的靈魂生命藍圖不只是這一世，這一世只是全部生命藍圖的一部分。從這一世的伴侶或親密關係的挑戰，來看整個靈魂的計畫與藍圖到底在玩什麼樣的把戲。

你為什麼選擇了你的伴侶？

你一定要問自己一個問題：「當初為什麼選擇這樣一個伴侶？」那個

時候，你內心的變化是什麼？這是個很有趣的問題，因為每個人都有自己的考量。

像我太太就說，當時她選擇跟我在一起，其實是違背她這輩子所有的個性，因為她的個性是走安全路線。我們從認識到交往的前後，剛好她的父親肺腺癌，從重病到往生。她說，如果當時沒有經歷爸爸生病的過程，也就是，她如果不在那個心情之下，應該完全不會有機會跟我在一起，也絕對不會做這種選擇。跟我在一起的這個選擇，對她而言是一個非常冒險的決定。

第一個冒險是，那時候我已經算小有名氣，知名度、收入各方面都跟她有一些落差，第二個冒險是，我是一個她完全不能掌控的人，沒有辦法掌握我的行蹤和作為。所以，對她而言，當時她很有意識地知道，選擇跟我在一起是完全違背她這輩子所有理性的決定。可是不知道為什麼，整個生命的安排，就剛好經歷父親的重病與往生的經過，就在那個時間點，出現了這個緣分。而這之前或之後，她的心理會處於正常的狀態，如果我們相遇也不會在一起。

你跟你的伴侶，不是你的頭腦決定的。所謂伴侶就是，剛好那個時間和地點，就出現了那個人，可以說是緣分，可是，我更相信那是靈魂巧妙的安排。

透過自由聯想尋找前世今生

有位乳癌的學員，她說當初選擇先生是經過斟酌的，原本有另一個對象，是個風流才子，跟她爸爸的性格很像，而她覺得自己無法接受男人風流，所以選擇了現在的先生，因為他很有才華卻不風流，她選擇了安全。

結婚之後發現，先生的確沒有風流這一個部分，卻有另外一個部分她不能接受，那就是先生的能力沒有她強。她有個觀念是，先生的能力必須強過她，才能成為她的先生，這樣她才會佩服、仰慕他，自己才能被征服。太太必須站在後面，能力不能比先生強。如果她發現自己的能力越來越強、越來越優秀，就會越覺得先生無能。結婚相處後發現，自己的能力比先生強，而先生也沒有她原本以為的那麼強，所以在這一點上，她產生很大的衝突。

我建議大家，可以開始從自己的親密關係去尋找輪迴轉世的蛛絲馬跡。例如，魯柏與約瑟的關係，有點像情人、有點像忠實的盟友，又有點所謂多重次元關係的本質。我們現在知道的人與人之間的關係只是表面，例如，這一世你是先生、她是太太，可是你們在其他的時空呢？可能一個是長官、一個是部屬，一個是爸爸、一個是女兒。你要假設，現在跟你建立親密關係的這個人，在另外的時空跟你的關係是什麼？所有這些關係都是潛意識非常重要的訊息，而且它不斷在影響著你。

我要大家透過這一世的所有親密關係，試著去找到與前世有關的連

結。怎麼做呢？就是透過「自由聯想」，自由聯想是一個找到前世非常好的工具。

發揮一下想像力，假設前述這對夫妻，他們倆是在中國唐朝一起進京趕考的學伴，兩人都是男的，不斷在競爭，後來可能一個中了探花，一個中了狀元。中狀元的那個人一輩子都比另一個優秀，中探花那個就一輩子都很自卑，最後走上絕路，而狀元覺得對不起這個人，下輩子投胎當了他的老婆，而且不斷壓抑自己，叫自己不要比他優秀，因為在前幾世，她可能就是比他優秀而讓他受了很大的傷，所以，這一世來當他的老婆，學習扶助他，但是不要比他優秀。

這一世任何的人際關係或親密關係，一定都跟某些前世有關聯，但是，不一定哪個是因、哪個是果。我今天告訴這位學員這個理由，並不是說她以後不能比先生優秀，而是明白了原因之後，仍然可以繼續比先生優秀，不過，這次比先生優秀是用來幫助先生，而不是用來折磨他或侮辱他。因為以前她曾經用自己的優秀來貶低、看不起，或迫害這個人，結果，這一世她告訴自己不能比他優秀，但是她過度補償了。何謂過度補償？就是過度壓制自己不要比他優秀，卻讓自己得到癌症。

她可能透過壓抑自己，告訴自己：「我這一世不能比先生優秀，因為我一優秀就會驕傲，一驕傲我就會看不起這個人。而我在過去世可能犯了驕傲這個毛病，而自大、看不起很多人，所以，這一世我不讓自己驕傲，選擇這個先生就是來壓制我的驕傲。」

可以循著這個模式，去找到很多的關聯。例如，大家都說「女兒是爸爸前世的情人」，這個比喻很有意思，如果是這樣，搞不好是一個前世的爸爸曾經狠心地把情人拋棄掉，這一世那個情人投胎來當他的女兒，他不但不能拋棄她，還要把她養大，不但把她養大，還要給她一筆嫁妝，把她嫁給另外一個男人，「看你還能不愛我嗎？」

為什麼有些小孩常常覺得爸媽不夠愛他，原因不見得在這一世。也許你真的是爸爸或媽媽前世的伴侶，而那一世他（她）真的不愛你。這一世你為了得到他（她）的愛，追過來當他（她）的小孩，當然他（她）也要同意，而被生出來養大，「你還能不愛我嗎？」這裡面有很多的前世因果。

唯有進入共同的靈性成長，大家才會快樂

以我自己為例，我覺得我投胎到我的家庭是非常有趣的一件事。我的家庭平凡，父母是中低階層，媽媽是女工，爸爸是建築工人。小時候曾經想，自己這麼優秀，怎麼會出生在這樣的家庭，如果我是名門世家之後，會多麼有成就。後來，開始用很多不同角度看我的家庭，才瞭解我這輩子在學習一個挑戰，就是追求理想的同時，像是推廣賽斯心法的時候，如何將心態調整平衡，不至於太無情地把我的家人統統拋棄掉。

我的性格中其實有某種極端的部分，就是我只追求自己想追求的，其他的我都不管；換句話說，我有可能去追求我要的，而在不知不覺中對別人形成一種殘忍或無情。所以，就出現了我的大哥，比我還無情地出家當和尚，以至於把整個照顧父母、兄弟姊妹的責任都丟給我，讓我在追求理想的過程中，也必須試著去平衡。

我在這個家庭中，對於大姊和二姊，內在某部分是有點覺得，彷彿在某些前世對不起她們，也許是無心之過，或在當時社會背景下曾經傷害她們，她們可能愛我、為我付出，甚至犧牲生命，可是我並沒有善待她們，也從來沒有感恩過。於是，這一世她們來成為我的家人，讓我有機會去做一點彷彿是贖罪的事，去還這個業。雖然這一世我跟她們沒有任何衝突或相欠的感覺，但我的內心老是覺得「比我可以做到的再善待她們一點吧」，來作為對她們的幫助或提攜。

在這一世我的人生功課中，學習如何在達成理想的情況下，同時還能夠

照顧到別人的感受。這是我在家庭中，所感覺到的使命。

包括我的婚姻也是一樣，我慢慢把太太引導到身心靈的學習。不過，我太太常說，我以前不知道當過幾世的暴君，她以前可能被我滿門抄斬過不知道幾次，所以，這輩子她覺得跟我在一起，學習變成另一個不一樣的角色。婚姻中，我也在學習耐心，穩定我自己，因為，我以前的情緒比較像是楊過，衝動暴烈，太太的情緒比較像小龍女，謹慎平穩。

每個人在伴侶關係中，不但要完成

俗世的功課與挑戰，同時也要把伴侶、家人，慢慢拉到共同的靈性成長。這就是賽斯家族最大的不同之處。

例如魯柏與約瑟這對夫妻，從出生到投入賽斯書的製作，這輩子本來就預設了一個高階的靈魂合作。因此，在伴侶關係中，如何把你的伴侶從只是世俗的部分，到慢慢能夠談心，漸漸開始進入靈性共同的成長，這是絕對必要的；唯有共同進入靈性的學習與成長，最後才會解脫，你協助了對方，對方也幫忙了你，最後大家才會快樂。

只要開始朝向心靈的道路，就會慢慢前往不一樣的方向

在這一世，首先大家要從俗世的角度看懂自己的伴侶關係，然後，從這一世的伴侶關係中去解脫。不能只是在玩男歡女愛，要把伴侶引導到心靈的覺察。如果能夠把你周遭的人，尤其是親密關係，統統提升到心靈的

成長，就會一起解脫，也就是同時把你的冤親債主一起超渡，一人得道、雞犬升天。

學習賽斯身心靈的觀念，不但為了解脫自己，同時也要開始引導你的伴侶走上這個方向。當然，也許很多人的伴侶都還在努力工作、賺錢、買房子、買車子，追求世俗的成就，這沒有問題，可是慢慢要有心理準備，朝向心靈的道路。只要開始朝向心靈的道路，就會慢慢前往不一樣的方向。

舉例來說，這一世也許我可以更早結婚，但是我沒有選擇這條路，而在四十歲才進入婚姻，現在也還沒有小孩。所以，在我們的夫妻關係中經常討論一件事，沒有小孩的婚姻要怎麼進行？有小孩的婚姻其實比較容易維持，沒有小孩的婚姻挑戰比較大；而沒有結婚、離婚，或是同性婚姻，挑戰更大。當我跟太太不斷在探索我們的關係時，我很清楚知道，一定要把她引導到心靈成長的道路。到目前為止，我覺得我做得很好。我太太開始寫書，翻譯賽斯早期課，從早忙到晚，也會經常跟我討論。似乎我們現在也慢慢走上魯柏與約瑟的婚姻，他們不斷記錄賽斯書、做文字工作，我們雖然還沒有到那樣的境界，不過也都走上靈性成長的道路。我們的伴侶關係到目前為止，正是符合我所說的，從世俗、養家活口，到開始關切靈性的成長。

在這裡我想跟各位談的是，能不能把你自己或伴侶關係，都慢慢帶往靈性的方向。這一世不論你當皇帝、出將入相、功成名就，仍然要繼續轉世，但一直轉世下去也不是辦法，遲早要開悟解脫。如何開始走上心靈成長的道路，是很重要的。

這裡我說遲早要開悟解脫，並不是指輪迴不好或是辛苦，而是玩久了會煩。一直投胎、輪迴，會增加很多世俗的經驗，可是靈魂與智慧不會提升。如果沒有跟內我連結，永遠就只是繼續輪迴，沉溺在人世間所有的喜怒哀樂、悲歡離合，最後還是無法提升，跳脫到更高的階段。我鼓勵大家，要從自己開始，讓你的伴侶關係、家庭關係，進而讓周遭每個人都提升。

這一世到目前為止，我很成功地將我的家人、伴侶帶到賽斯心法的正道上，讓他們走上心靈成長的道路，整個生命也變得非常不一樣。不過，各位不要急，我可是花了二、三十年的時間，一步一腳印慢慢走過來的。

伴侶為你上了一堂什麼樣的課？

有一對夫妻來到我的門診，他們從結婚開始胼手胝足，一塊錢一塊錢慢慢節省下來，眼看著一切事業正要起飛，生了兩個小孩，家庭看起來也都沒問題，先生突然在這個時候得了末期癌症，好像老天爺跟他們開了個大玩笑。太太覺得很不甘心，在她的生命中，好像每次看起來快要變好的時候，就又跌了一跤，為什麼？

太太是位養女，從小就處在一個如果要獲得什麼，就一定要爭取的環

境，甚至她要東西，只要不去傷害到別人，是會從別人手上搶過來的，她的人生充滿了戰鬥力，生命力很強，會努力去爭取自己應得的。可是，先生剛好相反，從小在很多愛的包圍下長大，不見得要開口，就會得到想要的東西，甚至覺得：「對方不是應該要了解我，主動給予我所要的嗎？」他可能連「主動要」的這個行為都做不到，是個無法開口說自己想要什麼的人。先生說：「為什麼在我們的婚姻中，太太一直得到她要的，可是我一直失去我要的？」其實這是基本個性的不同，由於成長過程完全不一樣，婚姻便出現溝通上的障礙。

先生一直在成就太太，鼓勵她做自己喜歡的事，也協助她創業。這裡面就有轉世因緣了，也許先生有個心態：「我成就了太太，使命達到了，就要離開。」為什麼先生在這麼年輕的四十歲就罹患末期癌症，可能是這一世他選擇要成就太太。如果這是靈魂的決定，仍然可以逆轉，可是，必須了解為什麼他要做這個決定，才能破解這個密碼。

每個人都一樣，一定是覺得這一世功課完成了才會走。功課沒有完成，怎麼走都走不掉，而功課已經完成，決定要走了，一秒鐘都不可能多留。這都是靈魂上的決定。

太太覺得自己從小是養女，千辛萬苦長大，脫離了小時候的困境，跟先生一起打拚，好不容易有了成就，先生就生病了。一切越來越好的時候，好像又給她一個打擊，這其中一定有靈魂的因素。老天爺為什麼開這個玩笑？這是有理由、有前世因果的。

我問這位太太：「先生一直在成就你，可是你有沒有去了解這個男人？你是否也變成一個成就先生的力量？還是當先生在成就你時，你只把他當成一個成就你的力量，而忘了你也必須回去成就他？」

其實太太一直很用心在這個婚姻上，只是她一直活在自己的觀念與思想中。包括婚後的飲食習慣慢慢變成她覺得好的，同時也慢慢把先生改造成她希望一個男人該有的樣子，卻忽略了要讓先生去做他自己，也忘了要協助先生去成就他自己，而一直把先生變成自己理想中的好男人。

她也看不起和先生一起吃喝玩樂的朋友，然而，看不起先生的朋友就是看不起先生。她想很快斬斷先生不好、不光彩、沒面子的過去，她帶著先生走這條路，卻忽略了先生也許是不願意的。所以，太太的功課在於，如果沒有接納自己的過去、接納不夠好的自己，是沒有辦法把自己變得夠好的。光是把先生變成自己心目中想要的那個人是沒有用的。

由於她很習慣回到小時候的成長過程，就是去爭取自己想要的，因此，我建議她，要去看到先生對她的包容與接納，同時，也要想想自己對先生有沒有同等的包容與接納。

每個人每一世都有靈魂上最大的缺點要克服

每個人每一世都有此生靈魂最大的挑戰與功課，但是，也都有靈魂上最大的缺點要克服。以魯柏為例，賽斯說，魯柏這一世最大的問題是過度自制，他後來得了關節炎，五十五歲就在醫院過世，是因為他不斷自我克制，不夠信任自發性。魯柏前世是個靈媒，有點裝神弄鬼，所以，這一世就特別會自制。十三、四世紀時，他是個暴君，殺人無數，當年跟著他的人就是去殘殺基督徒，所以，這一世他很自制，當他傳遞賽斯資料時，一樣很害怕又把眾人帶入歧途，對於賽斯資料每一字、每一句，都會用很嚴苛的態度去對待，希望不再誤導人。

而約瑟這輩子最大的問題是過度自我封閉，他幾乎沒有任何朋友，過著類似隱居的生活。當然，靈魂做這個決定一定有其理由，約瑟前世是個好色的地主，再前一世是個牧師，交了很多女朋友，所以，他這一世刻意讓自己很自制。但是，靈魂在這一世常常會做得過頭，他過度封閉自己。

靈魂每一次投胎都會給自己的性格一個最大的挑戰，同時，可能也設了一個最大的限制。賽斯說，魯柏與約瑟這些性格上的缺陷，其實後來改進並不大，本來魯柏可能是活到老年才死掉，而且他們的伴侶關係會開啟人類新的可能性，即往生的親人可以跟活著的親人持續連絡，未來人類與死後世界的連結就打開了，可是這個境界後來並沒有達到。

雖然我們的靈魂預設了每一世的挑戰與功課，可是不一定會達到。而且賽斯說過，魯柏與約瑟這一世給自己設的靈魂標準是很高的。這也解釋了為什麼我們常常會有一種挫折感，可能我們對自己設了很高的標準，努力希望自己能達到，卻不一定真的能達成。

我相信各位現在的伴侶關係都預設了很大的挑戰。你這一世為什麼會這麼辛苦、有這麼多苦痛，其中一個很大的原因是，你的靈魂為這一世設了很高的挑戰。

就像魯柏與他媽媽的關係，魯柏的媽媽是魯柏在鄂圖曼帝國當暴君時，敵對國的首領。魯柏在跟敵對國作戰時，先把首領打到殘廢，接下來，在戰爭中把他一刀斃命。後來，首領在這一世投胎來當他媽媽，而且

有嚴重的關節炎，躺在床上，所以，這一世魯柏的媽媽從他很小的時候，就虐待他、咒罵他：「都是因為你，我才會生病。」這個咒罵的背後其實懷著前幾世很深的怨，因為魯柏曾經這麼殘忍的對待他媽媽。

賽斯跟魯柏說：「這一世你在學習慈悲。」一開始傳遞賽斯資料時，賽斯就對魯柏說：「這輩子你要學習，避免再對你媽媽做出任何殘忍的言行。」她這一世投胎當魯柏的媽媽，就是要告訴魯柏：「這輩子不能再傷害我了吧！」魯柏曾經如此殘忍而沒有同理心的殺死這個人，所以，賽斯說他這輩子就是在學習如何償還過去世的殘忍。

也許大家會覺得匪夷所思，其實這些一直都在我們的潛意識中。你為什麼讓自己遭遇這些故事？你在學什麼？其中一定有你的功課，而且你一定是共謀，主動參與了共同設計。

你現在的伴侶關係預設了此生很大的挑戰

有位女學員說，她經歷先生三次外遇，後來先生逼她離婚，她剛開始一點都不想離，一直到最後，卻覺得是卸下了重任。

「我們創造自己的實相」，這句話一點都沒錯。也許她早就不想在這個婚姻中，本來就渴望自己能承擔自己的人生。因此，在這個婚姻裡，也許她學到的是拿回自己的力量。一個人折磨你，也許他要教你的是勇氣；一個欺負你的婆婆，也許她要教你的是愛自己；一個對你不好的先生，也許他要教你的是，要對自己好、而不是指望別人對你好。

她雖然歷經三次先生外遇，暫時失去對感情的信任，然而，這件事也許在教她，如何藉由受傷，重新再信任感情；先生帶給她的痛苦，也是她的功課。所有你身邊的人都是出功課給你的人。

帶給你最深痛苦及折磨的人，其實他付出的代價最大，因為這個世界上，沒有人天生想折磨別人，也沒有人天生想帶給別人痛苦。如果你遭遇的痛苦很多，只是你還沒把它變成智慧而已。所以，如果你在痛苦中，你一定要知道這是一場戲，一場教你一堂功課的戲。例如，我哥哥出家，造成我心理上很大的打擊，我要學習如何把它變成功課與智慧，如何去尊重他及成全他。

賽斯心法的整合是最究竟的解脫法門

這個世界一直在玩二元對立的遊戲。我們有時候要感謝這世上所有的壞人與壞事，若沒有那些壞人壞事，有時候還激不起要變好的決心。

賽斯說過，他說的善，是包含了二元對立的善與惡上面更大的善，所以，如果有人對你很壞，那你真的要感謝他，因為他讓你明白什麼是好。社會上出現一個壞人或一件壞事，有時候反而有能量激勵社會往正向發展。

二元對立其實是相通的。其中，有時候壞的存在比好的存在更重要，因為壞才會刺激大家往好的方向走。上帝每天在你身邊沒有用，當你遇到了撒旦，才會渴求上帝。所以，上帝與撒旦是雙胞胎，你遇到了撒旦，反而離上帝更近。

我們要感謝生命中帶給我們痛苦的人，甚至所有那些不好的一切，都是在激發另一個反向的力量，不論是如何愛自己、拿回自己的力量，或是真正創造自己的實相。最後我們的靈魂一定是藉由好與壞、善與惡的整合，到達另外一個境界。為什麼我說賽斯心法是一個究竟的解脫法門，原因就在這裡，一般宗教所說的善往往是去惡揚善，這是不對的。賽斯心法是包含了惡的善，是包含了壞的那個更大的好，所以是整合的。

這輩子折磨你的、讓你痛苦的，其實都有善的目的。我們要看到二元對立的遊戲，看到超越表面上所以為的善與惡，才會真正到達另外一個境界。

你此生的伴侶關係是要教你哪一堂課？不論對方如何對待你，對你好或不好，都是要讓你去學一堂課，如何在這堂課中，看到生命的挑戰與善意，是很重要的，希望各位都能把親密關係提升到這樣的層次。

愛的推廣辦法

看完這本書，是否激盪出您內心世界的漣漪？

如果您喜歡我們的出版品，願意贊助給更多朋友們閱讀，下列方式建議給您：

1. 訂購出版品：如果您願意訂購一千本（印刷的最低印量）以上，我們將很樂意以商品「愛的推廣價」（原售價之65折）回饋給您。

2. 贊助行銷推廣費用：如果您認同賽斯文化的理念，願意贊助行銷推廣費用支持我們經營事業，金額達萬元以上者，我們將在下一本新書另闢專頁，標上您的大名以示感謝（每達一萬元以一名稱為限）。

請連絡賽斯文化或財團法人新時代賽斯教育基金會各地分處，我們將盡快為您處理。

●愛的連絡處

如果您認同本書的觀念及內容，想要接受我們的協助；如果您十分認同本書的理念，想依循本書的觀念成為一位助人者的角色；如果您樂見本書理念的推廣，而願意提供精神及實質的協助；請與財團法人新時代賽斯教育基金會各地分處連繫：

●總管理處　電話：02-89789260
E-mail: ho.ad@seth.org.tw
新北市新店區中央五街四十六號二樓

●新店辦事處　電話：02-22197211
E-mail: xindian@seth.org.tw
新北市新店區中央五街四十六號一樓

●台中教育中心　電話：04-22364612　傳真：04-22366503
E-mail: edu10731@seth.org.tw
台中市北區崇德路一段六三一號A棟十樓之一

●台北辦事處　電話：02-25420855
E-mail: taipei@seth.org.tw
台北市中山區長安東路二段四十九號六樓

●新北辦事處　電話：02-26791780
E-mail: xinpei@seth.org.tw
新北市樹林區柑園里學成路四九五號

●新竹辦事處　電話：03-659-0339
E-mail: hsinchu@seth.org.tw
新竹縣竹北市光明六路東二段二一八號

●嘉義辦事處　電話：05-2754886
E-mail: Chiayi@seth.org.tw
嘉義市民權路九〇號二樓

●台南辦事處　電話：06-2134563
E-mail: tainan@seth.org.tw
台南市中西區開山路二四五號十樓

●高雄辦事處　電話：07-5509312　傳真：07-5509313
E-mail: kaohsiung@seth.org.tw
高雄市左營區明華一路二二一號四樓

●屏東辦事處　電話：08-7212028　傳真：08-7214703
E-mail: pintong@seth.org.tw
屏東市廣東路一二〇巷二號

●賽斯村　電話：03-8764797　傳真：03-8764317
E-mail: sethvillage@seth.org.tw
花蓮縣鳳林鎮鳳凰路三〇〇號

●賽斯ＴＶ　電話：02-28559060
E-mail: sethtv@seth.org.tw
新北市新店區北新路一段二九三號七樓之三

●香港聯絡處　電話：009-852-2398-9810
E-mail: Enquiry@hkseth.com
香港九龍旺角花園街一二一號利興大樓5字樓D室

●深圳市麥田心靈文化產業有限公司　許添盛微信訂閱號：SETH-CN　微信：chinaseth　電話：86-15712153855

●新加坡　新加坡賽斯基金會籌備處　電話：869-957-652　E-mail: andelynoh@gmail.com

●馬來西亞　賽斯學苑　電話：012-250-7384　E-mail: sethlgm@gmail.com

●澳洲　澳洲賽斯身心靈協會　電話：006-432192377　E-mail: ausethassociation@gmail.com

●台灣身心靈全人健康醫學學會　電話：02-22193379　傳真：02-22197106
E-mail: tshm2075@gmail.com
新北市新店區中央七街二六號四樓

賽斯文化 特約點

台北	佛化人生	台北市羅斯福路三段325號6樓之4	02-23632489
	政大書城台大店	台北市羅斯福路三段301號B1	02-33653118
	水準書局	台北市浦城街1號	02-23645726
中壢	墊腳石中壢店	桃園縣中壢市中正路89號	03-4228851
台中	唯讀書局	台中市北區館前路5號	04-23282380
斗六	新世紀書局	雲林縣斗六市慶生路91號	05-5326207
嘉義	鴻圖書店	嘉義市中山路370號	05-2232080
台南	金典書局	台南市前鋒路143號	06-2742711 ext.13
高雄	明儀圖書	高雄市三民區明福街2號	07-3435387
高雄	鳳山大書城	高雄縣鳳山市中山路138號B1	07-7432143
高雄	青年書局	高雄市青年一路141號	07-3324910

依爾達 特約點

台北	SMOR GAFE	台北市中山區吉林路299巷6號1樓	02-25860080
	食在自在Spaco Café	台北市大安區羅斯福路二段101巷10號	02-23632178
桃園	大湳鴻安藥局	桃園縣八德市介壽路二段368號	03-3669908
	彭春櫻讀書會	桃園縣楊梅市金山街131號7樓	0919-191494
新竹	新竹曼君的店	新竹市東南街96巷46號	035-255003
台中	賽斯興大讀書會	台中市永南街81號	0932-966251
彰化	欣蓮欣香香鍋	彰化縣大村鄉福興村學府路32號	0912-541881
台南	賽斯生活花園	台南市安南區慈安路205號	06-2560226
高雄	天然園	高雄市林園區林園北路264號	07-6450406
花蓮	海蒂斯民宿	花蓮縣吉安鄉東海15街80巷19弄40號	0981-855-566
美國	北加州賽斯人	sethbayareagroup@gmail.com	
馬來西亞	賽斯學苑	sethlgm@gmail.com	009-60122507384
	沙登賽斯推廣中心	pc.choo8@yahoo.com	009-0122292686
	賽斯舞台	sethjblibrary@gmail.com	009-6013-7708111
	檳城賽斯推廣中心	SethPenang@gmail.com	009-60194722938
新加坡	新加坡心聚點	queeniechen83@hotmail.com	009-6590921515
大陸	江蘇無錫讀書會	wangxywx@126.com	13952475572

Seth
賽斯身心靈診所
院長　許添盛醫師
本院推展身心靈健康的三大定律：
一、身體本來就是健康的。 二、身體有自我療癒的能力。 三、身體是靈魂的一面鏡子。
結合身心科、家庭醫學科醫師和心理師組成的醫療團隊；啟動人們內在心靈的自我康復系統，協助社會大眾活化人際關係，擁有更美好的生活品質。
許醫師看診時間
週一 08:30-12:00；13:30-17:00
週二 13:30-17:00；18:00-21:00
個別心理治療時段(需先預約)
週二及週三 09:00-12:00
門診預約電話：(02)2218-0875
院址：新北市新店區中央七街26號2樓
網址：http://www.sethclinic.com
Dr. Hsu身心靈線上平台
www.drhsuonline.com
冥想課程
網路諮詢
癌症身心適應
失眠、憂鬱、焦慮
家族治療、親子關係
人際關係、夫妻關係
躁鬱、恐慌、厭食暴食
過動、自閉、拒學
自我探索與個人心靈成長
生涯規劃諮詢

回到心靈的故鄉——賽斯村工作坊

許醫師工作坊

在賽斯村，每月第三個星期六、日，由許醫師帶領的工作坊及公益講座，所有學員不斷的向內探索自己，找到內在的力量，面對及穿越生命的恐懼、困難與疾病，重新邁向喜悅、幸福、健康的生命旅程。

療癒靜心營

賽斯村精心安排的療癒靜心營，主要目的是將賽斯資料落實在生活裡，由痊癒的癌友分享他們療癒的經驗，並藉由心靈探索、團體分享等各種課程，以及不同的生活體驗，來協助每位學員或癌友成長、轉化及療癒。

賽斯村是一個靜心的好地方，尚有其他許多老師的課程可提供大家學習。歡迎大家前來出差、旅遊、學習、考察兼玩耍，一起回到心靈的故鄉。

賽斯村
•鳳凰山莊•

地址：花蓮縣鳳林鎮鳳凰路300號
電話：03-8764797
所有課程詳見賽斯村網站：www.sethvillage.org.tw

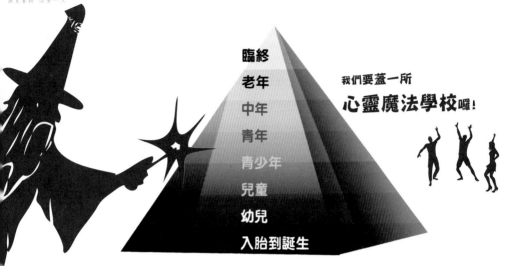

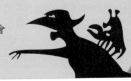

心情。筆記

Note

心情。筆記

Note

國家圖書館出版品預行編目(CIP)資料

親密關係：與伴侶身心靈共同成長的智慧 /
許添盛口述；張郁琦執筆. --初版. --新北
市：賽斯文化, 2019. 09
面； 公分. --（許添盛作品；36）
ISBN 978-986-97920-1-1（平裝）

1. 兩性關係

544.7 108013315

每天的生活，都是靈魂的精心創造

You create your own reality.